Tributação no comércio exterior brasileiro

Central de Qualidade — FGV Management
ouvidoria@fgv.br

SÉRIE COMÉRCIO EXTERIOR E NEGÓCIOS INTERNACIONAIS

Tributação no comércio exterior brasileiro

Tom Pierre Fernandes da Silva

Gabriel Segalis

Naila Meyre de Céia Freire Sanderson

Rômulo del Carpio

Direitos desta edição reservados à
EDITORA FGV
Rua Jornalista Orlando Dantas, 37
22231-010 — Rio de Janeiro, RJ — Brasil
Tels.: 0800-021-7777 — 21-3799-4427
Fax: 21-3799-4430
editora@fgv.br — pedidoseditora@fgv.br
www.fgv.br/editora

Impresso no Brasil/*Printed in Brazil*

1ª edição — 2014; 1ª reimpressão — 2015.

Revisão de originais: Diogo Henriques
Editoração eletrônica: FA Studio
Revisão: Fernanda Villa Nova de Mello e Fatima Caroni
Capa: aspecto:design
Ilustração de capa: Fesouza

Silva, Tom Pierre Fernandes da.
Tributação no comércio exterior brasileiro / Tom Pierre Fernandes da Silva...[et al.]. – Rio de Janeiro : Editora FGV, 2014.
160 p. – (Comércio exterior e negócios internacionais)

Em colaboração com: Gabriel Segalis, Naila Meyre de Céia Freire Sanderson, Rômulo del Carpio.
FGV Management Publicações.
Inclui bibliografia.
ISBN: 978-85-225-1535-6

1. 1. Comércio exterior. 2. Trânsito aduaneiro. 3. Entrepostos aduaneiros. 4. Imposto de importação I. Segalis, Gabriel. II. Sanderson, Naila Meyre de Céia Freire. III. Del Carpio, Rômulo Francisco Vera. IV. FGV Management. V. Fundação Getulio Vargas. VI. Título. VII. Série.
CDD — 336.243

Aos nossos alunos e aos nossos colegas docentes, que nos levam a pensar e repensar nossas práticas.

Sumário

Apresentação

Este livro compõe as Publicações FGV Management, programa de educação continuada da Fundação Getulio Vargas (FGV).

A FGV é uma instituição de direito privado, com mais de meio século de existência, gerando conhecimento por meio da pesquisa, transmitindo informações e formando habilidades por meio da educação, prestando assistência técnica às organizações e contribuindo para um Brasil sustentável e competitivo no cenário internacional.

A estrutura acadêmica da FGV é composta por nove escolas e institutos, a saber: Escola Brasileira de Administração Pública e de Empresas (Ebape), dirigida pelo professor Flavio Carvalho de Vasconcelos; Escola de Administração de Empresas de São Paulo (Eaesp), dirigida pela professora Maria Tereza Leme Fleury; Escola de Pós-Graduação em Economia (EPGE), dirigida pelo professor Rubens Penha Cysne; Centro de Pesquisa e Documentação de História Contemporânea do Brasil (Cpdoc), dirigido pelo professor Celso Castro; Escola de Direito de São Paulo (Direito GV), dirigida pelo professor Oscar Vilhena Vieira;

Escola de Direito do Rio de Janeiro (Direito Rio), dirigida pelo professor Joaquim Falcão; Escola de Economia de São Paulo (Eesp), dirigida pelo professor Yoshiaki Nakano; Instituto Brasileiro de Economia (Ibre), dirigido pelo professor Luiz Guilherme Schymura de Oliveira; e Escola de Matemática Aplicada (Emap), dirigida pela professora Maria Izabel Tavares Gramacho. São diversas unidades com a marca FGV, trabalhando com a mesma filosofia: gerar e disseminar o conhecimento pelo país.

Dentro de suas áreas específicas de conhecimento, cada escola é responsável pela criação e elaboração dos cursos oferecidos pelo Instituto de Desenvolvimento Educacional (IDE), criado em 2003, com o objetivo de coordenar e gerenciar uma rede de distribuição única para os produtos e serviços educacionais produzidos pela FGV, por meio de suas escolas. Dirigido pelo professor Rubens Mario Alberto Wachholz, o IDE conta com a Direção de Gestão Acadêmica pela professora Maria Alice da Justa Lemos, com a Direção da Rede Management pelo professor Mário Couto Soares Pinto, com a Direção dos Cursos Corporativos pelo professor Luiz Ernesto Migliora, com a Direção dos Núcleos MGM Brasília e Rio de Janeiro pelo professor Silvio Roberto Badenes de Gouvea, com a Direção do Núcleo MGM São Paulo pelo professor Paulo Mattos de Lemos, com a Direção das Soluções Educacionais pela professora Mary Kimiko Magalhães Guimarães Murashima, e com a Direção dos Serviços Compartilhados pelo professor Gerson Lachtermacher. O IDE engloba o programa FGV Management e sua rede conveniada, distribuída em todo o país, e, por meio de seus programas, desenvolve soluções em educação presencial e a distância e em treinamento corporativo customizado, prestando apoio efetivo à rede FGV, de acordo com os padrões de excelência da instituição.

Este livro representa mais um esforço da FGV em socializar seu aprendizado e suas conquistas. Ele é escrito por professores

do FGV Management, profissionais de reconhecida competência acadêmica e prática, o que torna possível atender às demandas do mercado, tendo como suporte sólida fundamentação teórica.

A FGV espera, com mais essa iniciativa, oferecer a estudantes, gestores, técnicos e a todos aqueles que têm internalizado o conceito de educação continuada, tão relevante na era do conhecimento na qual se vive, insumos que, agregados às suas práticas, possam contribuir para sua especialização, atualização e aperfeiçoamento.

Rubens Mario Alberto Wachholz
Diretor do Instituto de Desenvolvimento Educacional

Sylvia Constant Vergara
Coordenadora das Publicações FGV Management

Introdução

O objetivo deste livro é contribuir para a disseminação do conhecimento sobre os benefícios fiscais e logísticos dos regimes aduaneiros, que são tratamentos não tarifários ou administrativos e tratamentos tarifários ou tributários aplicados a bens, produtos, mercadorias ou itens que são importados ou exportados.

Existem os seguintes tratamentos aduaneiros:

- regime comum de importação ou exportação, que permite a nacionalização de mercadorias estrangeiras ou desnacionalização dos bens brasileiros com procedimentos normais. Dentro do regime comum, existem algumas operações com tratamento tributário mais simples ou especial;
- regimes especiais ou econômicos ou suspensivos, que permitem a importação e a exportação de mercadorias estrangeiras ou desnacionalização de bens brasileiros com procedimentos específicos e a isenção ou suspensão do pagamento de tributos;
- regimes aduaneiros aplicados a áreas especiais, que permitem a importação de mercadorias estrangeiras com procedimentos específicos e a isenção ou suspensão do pagamento de

tributos em determinadas regiões geográficas do território aduaneiro.

Na linguagem aduaneira, os regimes aduaneiros especiais são conhecidos como suspensivos, pois sua utilização suspende o pagamento dos tributos incidentes no comércio exterior.

A denominação regime suspensivo pode ser substituída pela expressão "regimes aduaneiros econômicos", pois nesta última se enfatiza o incentivo à exportação e à atividade econômica interna relacionada, como serviço, comércio e indústria. Os regimes aduaneiros especiais nas atividades de serviços incluem as artes, o esporte, o lazer e o entretenimento em geral.

Para poder utilizar um dos regimes aduaneiros especiais, deve-se sempre consultar a legislação vigente para verificar os procedimentos ou as condições necessárias a sua operacionalização.

A legislação básica será o Regulamento Aduaneiro, que replica, em seus artigos, os decretos legislativos, os decretos-lei e as leis, devendo também ser consultadas as instruções normativas da Receita Federal do Brasil (RFB), as portarias do Ministério da Fazenda (MF) e as resoluções da Secretaria de Comércio Exterior (Secex), conforme o tipo de exportação ou importação determinado pelo próprio decreto regulamentador.

O primeiro capítulo do livro versa sobre as formas de controle do Estado brasileiro, nos aspectos fiscal e aduaneiro, em âmbito federal, que incidem sobre as importações e exportações do nosso comércio exterior, a fim de permitir melhor compreensão dos benefícios que existem nos regimes aduaneiros especiais.

Para melhor visualização dos benefícios dos regimes especiais, iremos distribuir, no segundo, terceiro e quarto capítulos, os regimes especiais atualmente existentes no Brasil, sendo que o quarto capítulo inclui também os regimes aduaneiros aplicados em áreas especiais.

1 Os aspectos tributários e aduaneiros do comércio exterior brasileiro

O comércio exterior brasileiro sofre basicamente, por parte do Estado, dois tipos de controle: o tributário ou tarifário e o não tarifário ou aduaneiro. É o que será visto neste capítulo.

Os controles aduaneiros — tarifário e não tarifário

A entrada e a saída de bens e mercadorias no Brasil, motivadas pelas operações de importação e exportação, bem como a circulação de veículos e pessoas, são controladas pelo Estado brasileiro por intermédio de suas alfândegas, que se encontram, administrativamente, sob a responsabilidade do Ministério da Fazenda (MF), por intermédio da Secretaria da Receita Federal (RFB). Já o controle migratório fica a cargo do Departamento da Polícia Federal do Ministério da Justiça.

Os objetivos desse controle são, basicamente, de duas espécies: não tarifárias ou administrativas e tarifárias ou tributárias.

O primeiro visa àqueles controles exercidos sobre os operadores do comércio exterior brasileiro para, previamente à importação ou à exportação, identificar a natureza econômica e jurídica de cada operação e verificar se está coerente com as políticas praticadas pelo governo brasileiro, segundo seus interesses econômicos internos ou externos. Temos, como exemplo de controle não tarifário, a proibição de importação de bens usados, quando há a fabricação de tais bens similares por nossas indústrias. O objetivo primordial é preservar o nosso mercado contra a concorrência desleal e, por fim, manter nossa geração de empregos.

O segundo controle, o tarifário ou tributário, opera-se à medida que os importadores ou exportadores cruzam nossas fronteiras com bens ou mercadorias, estrangeiros ou nacionais, e sofrem com a imposição dos tributos incidentes na importação ou tributo de exportação, tendo de pagá-los na proporção definida pelo Estado mediante legislação aduaneira e fiscal. Em regra, as cobranças fiscais ocorrem no exato momento do início do processo de liberação das mercadorias nas alfândegas brasileiras. A título de exemplo, mencionamos a passagem de um brasileiro em retorno de viagem internacional, quando adentra o aeroporto internacional alfandegado e a RFB solicita informações sobre sua viagem e sua bagagem em processo de fiscalização.

Eventualmente, a RFB cobra tributo de importação quando os bens, em seu conjunto, excedem ao valor de US$ 500,00 e não são, pelas regras aduaneiras, considerados de uso pessoal e necessários para aquela espécie de viagem, caso em que aplica uma alíquota única de imposto de importação de 50% sobre o montante que exceder tal limite.

Caso a soma dos valores dos bens naquela condição seja inferior a US$ 500,00, ocorre a dispensa do pagamento de tributo de importação pela figura da isenção fiscal.

O caso é exemplar para entender que o Estado brasileiro, quando controla as operações sobre o fluxo de entrada e saída de bens ou mercadorias no território nacional, exerce as políticas de proteção à economia interna, à saúde, ao meio ambiente, à nossa cultura etc.

A Aduana brasileira é responsável por fiscalizar ou controlar se os agentes econômicos que atuam nesse fluxo internacional, dentro dos limites territoriais brasileiros, estão obedecendo ao que determinam as políticas tarifárias ou não tarifárias previstas no ordenamento jurídico aduaneiro.

Devemos entender que o direito aduaneiro abarca não somente os tributos e a forma de serem cobrados, em suas espécies, mas também os processos administrativos para ingresso de bens e mercadorias no Brasil ou saída do território nacional.

O Estado, exercendo o seu poder, dentro do regime democrático de direito, tem o dever e o poder de acompanhar a circulação econômica e, por meio de suas normas, ditar as suas políticas de governo que possam garantir e desenvolver nossa economia.

Uma das formas de incentivar nosso crescimento econômico e desonerar tributária e administrativamente as atividades de comércio exterior é a prática dos incentivos, como a redução de tributos incidentes sobre nossas importações ou exportações, com a suspensão do pagamento dos possíveis tributos incidentes e simplificação dos processos.

Neste sentido, existe, na legislação aduaneira, uma cesta de opções aos importadores ou exportadores de regimes aduaneiros especiais ou áreas consideradas especiais, que permitem a suspensão do pagamento fiscal e que eles obtenham facilidades nos processos ou despachos aduaneiros no momento da importação ou exportação. Apesar de existirem desde 1966 em nosso ordenamento legal, os regimes aduaneiros especiais ainda são desconhecidos por muitos, que, por isso, pagam tributos de forma desnecessária. Por consequência, oneram os processos empresariais brasileiros que se utilizam de nossas alfândegas para importar ou exportar bens e mercadorias.

Antes de avançarmos sobre o conhecimento desses regimes aduaneiros especiais, nos próximos capítulos iremos, em primeiro lugar, resumidamente, esclarecer quais são as espécies de tributos que incidem sobre as operações do comércio exterior brasileiro.

Conceitos do direito aduaneiro

A seguir iremos apresentar os conceitos do direito aduaneiro, que permitem compreender melhor os controles do Estado e a extensão dos benefícios fiscais e administrativos dos regimes aduaneiros aplicados em áreas especiais.

Jurisdição aduaneira

A jurisdição aduaneira é o poder que o Estado tem de aplicar o direito aduaneiro na esfera administrativa em casos concretos dentro de um território. O território sobre o qual recai a jurisdição, denominado "território aduaneiro", compreende todo o território brasileiro, incluindo a parte aérea e as águas marítimas. O entendimento simples é que o território aduaneiro é o próprio território nacional. Este poder é exercido pela RFB, mas recebe o apoio de outras autoridades administrativas que atuam de forma concorrente e complementar, como a Agência Nacional de Vigilância Sanitária do Ministério da Saúde, ou mesmo o Ministério da Agricultura, ou o Departamento de Polícia Federal do Ministério da Justiça.

Território aduaneiro

Em seguida, serão descritos, de acordo com a legislação aduaneira, os locais onde são exercidas as operações de importação e exportação, sob controle do Estado, em nosso território nacional.

Definição

Território é o local onde é exercido o direito aduaneiro. No caso do Brasil, seu território nacional. O direito aduaneiro representa a fiscalização da entrada e saída de mercadorias ou bens, pessoas e veículos em cada país. A jurisdição dos serviços aduaneiros estende-se por todo o território aduaneiro e, nos termos do nosso Regulamento Aduaneiro, compreende a zona primária e a secundária. O MF poderá demarcar, na orla marítima ou na fronteira, zonas de vigilância aduaneira, nas quais a existência de mercadorias ou sua circulação e a de veículos ou pessoas ficarão sujeitas às exigências fiscais, proibições e restrições que forem estabelecidas, ou seja, ao controle tarifário e não tarifário.

Objetivos do direito aduaneiro

Garantir o correto pagamento das tarifas correspondentes à legislação fiscal, controlar a movimentação de mercadorias, veículos e pessoas de acordo com normas aduaneiras, não tarifárias, por meio da autoridade administrativa, nos limites de sua competência sobre o território nacional, são os objetivos do direito aduaneiro.

Zonas primárias

São os pontos de passagem obrigatórios por onde todas as mercadorias e veículos devem entrar e sair do país, com controle aduaneiro permanente e ostensivo. Compreendem:

- área terrestre ou aquática, contínua e descontínua compreendida pelos portos;
- área terrestre ocupada pelos aeroportos alfandegados;
- área adjacente aos pontos de fronteira alfandegados.

Além dessas áreas, a Lei nº 11.508/2007 incluiu as zonas de processamento de exportação (ZPEs) em zona primária, apesar de as mesmas estarem estabelecidas dentro de uma cidade, o que indicaria serem zonas secundárias. Além dessas atividades, há possibilidade da realização de atividade industrial e serviços nesses recintos alfandegados, o que será estudado em regimes aduaneiros especiais, no regime especial de entreposto aduaneiro.

Zona secundária

É o restante do território aduaneiro, incluídas as águas territoriais, assim como o espaço aéreo. Tem um controle continuado, ou seja, será exercido em qualquer dia ou hora em que haja manuseio ou movimentação de mercadorias.

Trata-se de área estabelecida na orla marítima ou faixa de fronteira sujeita a exigências fiscais, proibições, restrições à existência de mercadoria e sua circulação, bem como de pessoas e veículos, por meio de ato do ministro da Fazenda.

O alcance dessa área pode ser específico ou geral, e o Estado aplicará medidas próprias dos seus controles aduaneiros com vigência temporária. O motivo para determinar um controle especial em tais áreas é sua aproximação com as alfândegas de portos, aeroportos ou fronteiras terrestres, como áreas de ancoradouros, rios ou territórios que tendem a ter risco elevado para a aduana brasileira. Podemos exemplificar com o lago de Itaipu, na cidade de Foz de Iguaçu, que guarnece com suas águas as margens dos territórios do Brasil e do Paraguai, que conta diversos casos de apreensão de mercadorias, seja pelo contrabando, seja pelo descaminho, em momentos tensos de fiscalização.

Recintos alfandegados

São locais declarados pela RFB do Brasil, sob controle aduaneiro, onde toda a movimentação, armazenagem e despacho aduaneiro de mercadorias, veículos e pessoas subordinam-se às normas aduaneiras. Existem recintos alfandegados na zona primária e na zona secundária.

Recintos alfandegados na zona primária: pátios, armazéns, terminais, dependências de lojas francas etc.

Recintos alfandegados na zona secundária: entrepostos, depósitos, terminais, dependências alfandegadas de remessas postais internacionais etc.

Pela legislação aduaneira, somente nos portos, aeroportos e pontos de fronteira alfandegados poderão ser efetuadas a entrada ou a saída de mercadorias procedentes do exterior ou a ele destinadas. As exceções expressas são as hipóteses de importação e exportação de mercadorias conduzidas por linhas de transmissão ou por dutos, ligados ao exterior de acordo com as regras de controle aduaneiro estabelecidas pela RFB.

Recintos de uso público

A prestação de serviços desenvolvidos em recintos alfandegados de uso público se sujeita ao regime de permissão, salvo quando o imóvel pertencer à União, caso em que será adotado o regime de concessão, precedido da execução de obra pública.

Os serviços comuns aos recintos alfandegados de uso público são:

- estadia de veículos e unidades de carga;
- pesagem;
- limpeza e desinfecção de veículos;
- fornecimento de energia;
- retirada de amostras;

- lonamento e deslonamento;
- colocação de lacres;
- expurgo e reexpurgo;
- unitização e desunitização de cargas;
- marcação, remarcação, numeração e renumeração de volumes, para efeito de identificação comercial;
- etiquetagem, marcação e colocação de selos fiscais em produtos importados, com vistas ao atendimento de exigências da legislação nacional ou do adquirente;
- consolidação e desconsolidação documental.

Porto seco

São terminais alfandegados de uso público, instalados em região onde há expressiva concentração de carga de importação ou exportação, cuja permissão de funcionamento depende de processo licitatório a ser realizado pela RFB/MF.

O porto seco destina-se a operações de movimentação, armazenagem e despacho aduaneiro de mercadorias e de bagagem, procedentes do exterior ou a ele destinadas, sob controle fiscal, podendo ser executados todos os serviços aduaneiros, incluindo os de processamento de despacho.

Na importação, a permissionária assumirá a condição de depositária da mercadoria a partir do momento em que atestar seu recebimento em documento hábil. Além disso, deverá manter controles de entrada, permanência e saída de mercadoria, bem como de veículo e de unidades de carga, que poderão ser exigidos a qualquer tempo pela fiscalização aduaneira.

Nos portos secos poderão ser realizadas operações com mercadorias submetidas aos regimes aduaneiros comuns e especiais ou suspensivos.

Espécies de tributos que incidem sobre as importações e exportações

Tributo é conceituado no art. 3º do Código Tributário Nacional, Lei nº 5.172/1966, como toda prestação pecuniária compulsória, em moeda ou cujo valor nela se possa exprimir, que não constitua sanção de ato ilícito, instituída em lei e cobrada mediante atividade administrativa plenamente vinculada.

Logo, os tributos representam uma forma derivada de o Estado conseguir recursos, sem sua atuação direta no mercado, como se fosse agente econômico que, por exemplo, vende produtos para obter o lucro. O Estado ingressa neste mercado, por meio do seu poder estatal, de editar normas fiscais, conforme nosso ordenamento jurídico, para impor o dever de pagar tributos sobre os valores daquelas vendas e lucros, para sustentar o próprio Estado.

Os tributos incidem sobre os recursos financeiros, rendimentos, salários, bens e mercadorias que circulam na economia nacional. Os recursos financeiros, obtidos pelo Estado, têm como finalidade sustentar as funções constitucionais, para oferecer suas atividades essenciais, como serviços públicos em diversas áreas da sociedade.

Pagar tributos não significa que estamos sendo penalizados ou estejamos sendo cobrados por alguma conduta que o Estado entenda ser reprovável do ponto de vista social, econômico ou administrativo, como quando, por exemplo, desrespeitamos as regras de convivência entre os cidadãos ou entre estes e o próprio Estado.

Imposto de importação (II)

Trata-se de tributo federal que incide sobre as operações de importação de bens e mercadorias oriundas do exterior.

Contribuinte

No Decreto-Lei (DL) nº 2.472/1988, em seu art. 31, está estabelecido que os contribuintes do imposto de importação são:

I. o importador, assim considerada qualquer pessoa que promova a entrada de mercadoria estrangeira no território nacional;
II. o destinatário de remessa postal internacional indicado respectivo remetente;
III. o adquirinte de mercadoria entrepostada.

Toda pessoa que, de alguma forma, promova a entrada de produtos estrangeiros no país é considerada contribuinte do imposto de importação. É o caso, por exemplo, de uma fábrica de cerveja, que promove a importação de matéria-prima estrangeira — cevada — com a finalidade de suprir a falta de produto nacional.

Responsáveis

O responsável é a pessoa obrigada ao pagamento do tributo ou penalidade pecuniária quando, sem revestir a condição de contribuinte, sua obrigação decorra de disposição expressa de lei. No caso do imposto de importação, o responsável é (art. 32 do DL nº 2.472/1988):

I. o transportador, quando transportar mercadoria procedente do exterior ou sob controle aduaneiro, inclusive em percurso interno;
II. o depositário, assim considerada qualquer pessoa incumbida da custódia de mercadoria sob controle aduaneiro;
III. qualquer outra pessoa que a lei assim designar.

A legislação determina que, em caso de extravio ou avaria de mercadorias estrangeiras submetidas a depósito ou a opera-

ção de transporte, a responsabilidade pelo tributo apurado em relação ao evento será de quem lhe deu causa.

O depositário responde pelo imposto e, se for o caso, pelas multas, quando for verificada falta ou avaria de mercadoria sob sua custódia e danos causados em operação de carga ou descarga realizada por seus prepostos.

Incidência do imposto de importação

O imposto de importação incide sobre a importação de produto estrangeiro, conforme dispõe a Constituição Federal de 1988 e o Código Tributário Nacional. Por sua vez, o DL nº 2.472/1988 deu nova redação ao art. 1º do DL nº 37/1966, determinando que o imposto de importação incide sobre mercadoria estrangeira, inclusive sobre bagagem de viajante e sobre bens enviados como presente ou amostra, ou a título gratuito. Segundo o § 1º deste artigo, considera-se ainda, para efeito de incidência, também estrangeira a mercadoria nacional ou nacionalizada exportada, que retornar ao país, salvo se por motivo:

- de defeito técnico for devolvida, para reparo ou substituição;
- de modificações na sistemática de importação por parte do país importador;
- de guerra ou calamidade pública;
- de ser enviada em consignação e não ser vendida no prazo autorizado;
- de outros fatores alheios à vontade do exportador.

Não incidência do imposto de importação

O imposto de importação não incide nas seguintes situações:

- sobre mercadoria estrangeira que, corretamente descrita nos documentos de transporte, chegar ao país por erro inequívoco ou comprovado de expedição, e que for redestinada ou devolvida para o exterior;

- quando houver a importação de mercadoria estrangeira idêntica, em igual quantidade e valor, e que se destine à reposição de outra anteriormente importada, que se tenha revelado, após o desembaraço aduaneiro, defeituosa ou imprestável para o fim a que se destinava, desde que observada a regulamentação editada pelo MF;
- no caso da mercadoria estrangeira que tenha sido objeto da pena de perdimento;
- se a mercadoria estrangeira for devolvida para o exterior antes do registro da declaração de importação, observada a regulamentação editada pelo MF;
- para embarcações construídas no Brasil e transferidas por matriz de empresa brasileira de navegação para subsidiária integral no exterior, que retornem ao registro brasileiro, como propriedade da mesma empresa nacional de origem;
- para o caso da mercadoria estrangeira avariada ou que se revele imprestável para os fins a que se destinava, desde que seja destruída sob o controle da alfândega, sem qualquer ônus para a Fazenda Nacional e antes de ocorrer o desembaraço aduaneiro ou liberação da mercadoria para sua internação. O mesmo caso se aplica para mercadoria estrangeira que esteja em trânsito aduaneiro de passagem pelo Brasil e, acidentalmente, seja destruída.

Fato gerador

O fato gerador do imposto de importação é a entrada de mercadoria estrangeira no território nacional.

Ocorre o chamado fato gerador presumido, ou seja, por presunção legal, quando se considera entrada no território adu-

aneiro a mercadoria que constar como tendo sido importada e cujo extravio venha a ser apurado pela administração aduaneira.

Existe uma tolerância para algumas situações de extravio, quando são estabelecidos percentuais para a falta apurada na importação de granéis que, por sua natureza ou condições de manuseio na descarga, estejam sujeitos a quebra ou a decréscimo de quantidade ou peso. Para fins de aplicação de penalidades, são toleráveis as diferenças de quantidades em até 5% quanto à quantidade e 10% no peso, tanto para mais quanto para menos e por embarque, desde que não ocorram concomitantemente.

O lançamento é o ato administrativo fiscal em que se identifica o contribuinte do tributo, quantificando-se o valor a ser tributado, a sua base de cálculo. Sobre o valor informado na base, calcula-se o tributo com a aplicação da alíquota correspondente, que se reporta à data da ocorrência do fato gerador e se rege pela lei então vigente. Após o cálculo efetivado, é reconhecido o crédito do Estado. Assim, é importante que se precise o momento exato da ocorrência do fato gerador para o cálculo do imposto de importação.

Apesar de o fato gerador ser a data da entrada da mercadoria no território nacional ou aduaneiro, a legislação determina que, para efeito de cálculo do imposto, considere-se ocorrido o fato gerador nas seguintes hipóteses:

- na data do registro da declaração de importação de mercadoria submetida a despacho para consumo, aplica-se, inclusive, no caso de despacho para consumo de mercadoria sob regime suspensivo de tributação e de mercadoria contida em remessa postal internacional ou conduzida por viajante, sujeita ao regime de importação comum;
- no dia do lançamento do correspondente crédito tributário, quando se tratar de:
  - bens contidos em remessa postal internacional não sujeitos ao regime de importação comum;

- bens compreendidos no conceito de bagagem, acompanhada ou desacompanhada;
- mercadoria constante de manifesto ou de outras declarações de efeito equivalente, cujo extravio ou avaria for apurado pela autoridade aduaneira;

- na data do vencimento do prazo de permanência da mercadoria em recinto alfandegado, se iniciado o respectivo despacho aduaneiro antes de aplicada a pena de perdimento da mercadoria.

Por estas disposições, tem-se que, em todos os casos de importação comum, a apuração do imposto de importação será feita com base na lei vigente à data do registro da declaração de importação para consumo. Como consequência, a alíquota a ser utilizada no cálculo do tributo será aquela vigente na data do registro da correspondente declaração de importação.

Não ocorrência do fato gerador

Não constitui fato gerador do imposto a reimportação de mercadoria que havia sido exportada para permanecer no exterior por prazo fixado. São aquelas situações nas quais o exportador brasileiro leva para o estrangeiro mercadoria nacional ou nacionalizada para finalidade específica, com intenção temporária de sua permanência no estrangeiro e com prazo fixado pela RFB para o seu retorno (reimportação), pela aplicação do regime especial de exportação temporária. O regime de exportação temporária será tema próprio de estudo neste livro em capítulos à frente.

Não ocorre o fato gerador do imposto, ainda, na entrada, no território aduaneiro, do pescado capturado fora das águas territoriais do país, por empresa localizada em território nacional, desde que satisfeitas as exigências que regulam a atividade pesqueira.

Taxa de câmbio

As compras de mercadorias realizadas no comércio internacional, regra geral, são negociadas em moedas estrangeiras. Assim, para o cálculo do imposto de importação e demais tributos (IPI vinculado à importação, PIS/Pasep-importação, Cofins-importação e ICMS), é necessária a conversão do valor da mercadoria expresso em moeda estrangeira para a moeda nacional, devendo, para isso, ser utilizada a chamada taxa de câmbio fiscal.

As taxas de câmbio a serem aplicadas para essa conversão são as vigentes na data em que se considerar ocorrido o fato gerador para efeito de cálculo do imposto de importação, conforme art. 1º da Portaria MF nº 6/1999: "A taxa de câmbio para efeito de cálculo dos tributos incidentes na importação será fixada com base na cotação diária para venda da respectiva moeda e produzirá efeitos no dia subsequente".

Já a Portaria RFB nº 87/1999, art. 1º, dispõe que "a taxa de câmbio utilizada para cálculo dos tributos incidentes na importação, de que trata o art. 1º da Portaria MF nº 06, de 1999, será disponibilizada, diariamente, na tabela 'Taxa de Conversão de Câmbio' do Sistema Integrado de Comércio Exterior (Siscomex)".

Alíquota

O valor do tributo a ser pago é encontrado por meio da aplicação de uma alíquota sobre a base de cálculo previamente determinada.

A legislação brasileira prevê dois tipos de alíquota: *ad valorem* e específica.

A alíquota *ad valorem* é um percentual aplicado sobre o valor aduaneiro da mercadoria. Por exemplo, a aplicação da alíquota de 5% sobre mercadoria cujo valor é R$ 2.000,00: o imposto correspondente será de R$ 100,00.

Já a alíquota específica é um valor fixo aplicado por unidade de medida da mercadoria importada. Exemplo: a alíquota de R$ 10,00 por litro de determinada bebida. Se, no total, tivéssemos 10 litros desta bebida, o imposto resultante seria de R$ 100,00.

Atualmente, não existe determinação de aplicação de alíquotas específicas na legislação do imposto de importação.

As alíquotas do imposto de importação constam da tarifa externa comum (TEC), estruturada na Nomenclatura Comum do Mercosul (NCM/SH).

O enquadramento correto do produto importado no código tarifário da NCM/SH é de vital importância para a apuração do imposto devido.

Quando se tratar de mercadorias objeto de acordo internacional firmado pelo Brasil, prevalecerá o tratamento tributário nele previsto, salvo se da aplicação das normas gerais resultar tributação mais favorável ao importador.

As disposições aqui apresentadas não se aplicam às remessas postais internacionais e às encomendas aéreas internacionais submetidas ao regime de tributação simplificada (RTS), bem como aos bens classificados como bagagem, sujeitos ao regime de tributação especial.

Base de cálculo

O art. 2º do DL nº 37/1966, com a redação dada pelo DL nº 2.472/1988, estabelece que a base de cálculo do imposto é:

I. quando a alíquota for específica, a quantidade de mercadoria, expressa na unidade de medida indicada na tarifa;
II. quando a alíquota for "ad valorem", o valor aduaneiro apurado segundo as normas do art.7º do Acordo Geral sobre Tarifas Aduaneiras e Comércio — GATT.

A base de cálculo é o valor aduaneiro apurado pela aplicação do Código de Valoração Aduaneira, acrescido do valor do frete internacional e seguro.

Para poder declarar o valor que formará a base de cálculo do imposto de importação, o contribuinte deve seguir as regras de valoração aduaneira, previstas no art. VII do GATT — Acordo de Valoração Aduaneira, o qual define que mercadorias importadas, quando se tratar de valor aduaneiro, devem ser determinadas com base no "valor real" da mercadoria ou de mercadoria similar. A definição de valor real é o preço das mercadorias vendidas ou oferecidas à venda em condições de plena concorrência em épocas e lugares determinados pela legislação do país importador.

Pagamento

O pagamento dos tributos federais é devido na importação de mercadorias, no ato de registro, pelo Siscomex da respectiva declaração de importação (DI), e é efetuado, exclusivamente, por débito automático em conta bancária em agência habilitada de banco integrante da rede arrecadadora de receitas federais, por meio de documento de arrecadação federal (Darf) eletrônico. O débito é efetuado pelo banco, na conta indicada pelo declarante por meio do Siscomex. O declarante deverá indicar, no ato da solicitação de registro da DI: o código do banco, o código da agência, o número da conta-corrente.

O pagamento de créditos tributários, lançados pela autoridade aduaneira no curso do despacho ou por ocasião de revisão da declaração de importação, é efetuado através de Darf O mesmo acontece com os créditos decorrentes de denúncia espontânea após o desembaraço aduaneiro da mercadoria e com os decorrentes de importações efetuadas sem registro no Siscomex, quando vinculados à decisão judicial.

Tratando-se de mercadoria submetida a despacho para admissão em regime aduaneiro com suspensão do pagamento de tributos, o comprovante do pagamento dos tributos incidentes será substituído por termo de responsabilidade, conforme estabelecido na legislação específica.

Imposto de exportação (IE)

O tributo que incide na exportação de produtos nacionais ou nacionalizados é o imposto sobre a exportação, que também é de competência da União.

Incidência e fato gerador

De acordo com o art. 153, inciso II, da Constituição Federal de 1988, compete à União instituir o imposto sobre a exportação, para o exterior, de produtos nacionais ou nacionalizados. "O imposto sobre a exportação, para o estrangeiro, de produto nacional ou nacionalizado tem como fato gerador a saída deste do território brasileiro" (DL nº 1.578/1977, art. 1º).

Para efeito de cálculo do imposto, considera-se ocorrido o fato gerador na data do registro da exportação no Siscomex.

A Câmara de Comércio Exterior (Camex), observada a legislação específica, relacionará as mercadorias sujeitas ao imposto.

O contribuinte do imposto é o exportador, assim considerada qualquer pessoa que promova a saída de mercadoria do território nacional.

Quanto ao valor a ser pago pelo imposto de exportação, é necessário conhecer os conceitos da base de cálculo e alíquota, apresentados nos pontos a seguir.

Base de cálculo

A base de cálculo do imposto é o preço normal que a mercadoria, ou similar da mesma, alcançaria, ao tempo da exportação, em uma venda em condições de livre concorrência no mercado internacional, observadas as normas expedidas pela Camex. Quando o preço da mercadoria for de difícil apuração ou suscetível a oscilações bruscas no mercado internacional, a Camex fixará critérios específicos ou estabelecerá pauta de valor mínimo para apuração da base de cálculo.

Alíquotas

A alíquota do imposto é de 30%, facultado ao Poder Executivo reduzi-la ou aumentá-la, para atender aos objetivos da política cambial e do comércio exterior, sendo que a elevação da alíquota não poderá ser superior a cinco vezes este percentual.

A autoridade que poderá alterar a alíquota, com o objetivo de atender à política cambial e à do comércio exterior, é o presidente da Camex.

Pagamento

O prazo para pagamento do imposto de exportação é de 15 dias, contados da data do registro da declaração para o despacho aduaneiro de exportação.

O documento de arrecadação de receitas federais (Darf), comprobatório do pagamento do imposto, deverá ser entregue à unidade da RFB responsável pelo despacho, juntamente com os documentos que o instruem.

Administração do imposto

Na administração do imposto, aplicar-se-ão, supletivamente, as normas que regulam a administração do imposto de importação, que tem como fundamento legal o art. 8º do DL nº 1.578/1977. Por sua vez, o Regulamento Aduaneiro, Decreto nº 6.759/2009, art. 596, traz em sua redação a afirmação de que se aplicam "ao despacho de exportação, no que couber, as normas estabelecidas para o despacho de importação". Ocorre aqui o sentido de que o texto da matriz legal não trata tão somente de tributos em espécie, mas incorpora também os procedimentos administrativos necessários ao desembaraço da exportação. Basta fazer uma análise comparativa da densidade de normas de exportação em relação àquelas que regem os processos de importação e constata-se que seu volume é menor. Logo, por certo, pode ocorrer algum tipo de situação de fato no processo de exportação em que não haja previsão legal ou administrativa, o que poderá comprometer a finalização da operação. Nesse caso, para não interromper tal processo, a autoridade aduaneira deverá, por analogia, recorrer às normas de importação.

Imposto sobre produtos industrializados (IPI)

O imposto federal incidente sobre produtos industrializados, aplicado em nosso mercado interno, também se estende às mesmas mercadorias quando importadas, e é conhecido como o IPI vinculado à importação.

Contribuintes

Os importadores são obrigados ao pagamento do imposto como contribuinte, em relação ao fato gerador decorrente do desembaraço aduaneiro de produto de procedência estrangeira (Lei nº 4.502/1964, art. 35, inciso I, alínea "b").

Fato gerador

O fato gerador do IPI, na importação, é o desembaraço aduaneiro de produto de procedência estrangeira.

Não se configura o fato gerador quando a mercadoria importada se extravia antes do desembaraço.

Também não constitui fato gerador o desembaraço aduaneiro de mercadorias que retornem ao país nas seguintes condições:

- enviadas em consignação e não vendidas no prazo autorizado;
- devolvidas por defeito técnico que exija sua devolução para reparo ou substituição;
- por motivo de modificações na sistemática de importação por parte do país importador;
- por motivo de guerra ou calamidade pública;
- por outros fatores alheios à vontade do exportador;
- sob o regime aduaneiro especial de exportação temporária.

Base de cálculo e alíquotas

O valor tributável do IPI é o que servir ou que serviria de base para cálculo dos tributos aduaneiros, por ocasião do despacho de importação, acrescido do montante destes tributos e dos encargos cambiais efetivamente pagos pelo importador ou dele exigíveis.

O valor do imposto de importação excluído pela isenção ou o correspondente à redução não integra a base de cálculo do IPI.

As alíquotas do IPI, na importação, são as mesmas aplicáveis nas operações de mercado interno e constam na tabela de incidência do IPI, a Tipi.

Pagamento

Embora o fato gerador do IPI seja o desembaraço aduaneiro, seu recolhimento é efetuado quando do registro da declaração de importação.

IPI na exportação

Por força de mandamento constitucional, art. 153, §3º, III, da CF/1988, não há incidência do IPI na exportação.

PIS/Cofins-importação

Os tributos PIS e Cofins, que sempre incidiram sobre as operações mercantis no Brasil, a partir de 2005 passaram também a incidir nas operações de importação de bens do estrangeiro.

Contribuintes

É contribuinte o importador, assim considerada a pessoa física ou jurídica que promova a entrada de bens estrangeiros no território nacional. Equiparam-se ao importador o destinatário de remessa postal internacional indicado pelo respectivo remetente e o adquirente de mercadoria entrepostada.

Incidência

A contribuição para o Programa de Integração Social e o Programa de Formação do Patrimônio do Servidor Público (PIS/Pasep-importação) incide na importação de produtos estrangeiros, bem como a contribuição social para o financiamento da seguridade social devida pelo importador de bens estrangeiros (Cofins-importação).

Não incidência

As contribuições não incidem sobre:

- bens estrangeiros que, corretamente descritos nos documentos de transporte, chegarem ao país por erro inequívoco ou comprovado de expedição e que forem redestinados ou devolvidos para o exterior;
- bens estrangeiros idênticos, em igual quantidade e valor, e que se destinem à reposição de outros anteriormente importados que se tenham revelado, após os desembaraços aduaneiros, defeituosos ou imprestáveis para o fim a que se destinavam, observada a regulamentação do MF;
- bens estrangeiros que tenham sido objeto de pena de perdimento, exceto nas hipóteses em que não sejam localizados, tenham sido consumidos ou revendidos;
- bens estrangeiros devolvidos para o exterior antes do registro da declaração de importação, observada a regulamentação do MF;
- pescado capturado fora das águas territoriais do país por empresa localizada no seu território, desde que satisfeitas as exigências que regulam a atividade pesqueira;
- bens aos quais tenha sido aplicado o regime de exportação temporária;
- bens ou serviços importados pelas entidades beneficentes de assistência social, nos termos do § 7º do art. 195 da Constituição Federal;
- bens em trânsito aduaneiro de passagem, acidentalmente destruídos;
- bens avariados ou que se revelem imprestáveis para os fins a que se destinavam, desde que destruídos, sob controle aduaneiro, antes de despachados para consumo, sem ônus para a Fazenda Nacional;

- o custo do transporte internacional e de outros serviços que tiverem sido computados no valor aduaneiro que serviu de base de cálculo da contribuição.

Fato gerador — definição

O fato gerador para essas contribuições é a entrada de bens estrangeiros no território nacional.

Fato gerador para cálculo do imposto

O lançamento reporta-se à data da ocorrência do fato gerador e rege-se pela lei então vigente (Código Tributário Nacional — CTN). Assim, é extremamente importante que se precise o momento exato da ocorrência do fato gerador para calcular a contribuição.

Para efeito de cálculo das contribuições, considera-se ocorrido o fato gerador:

- na data do registro da declaração de importação de bens submetidos a despacho para consumo. Tal situação aplica-se, também, no caso de despacho para consumo de bens importados sob os auspícios do regime aduaneiro suspensivo de pagamento de tributação na importação;
- no dia do lançamento do correspondente crédito tributário, quando se tratar de bens constantes de manifesto ou de outras declarações de efeito equivalente, cujo extravio ou avaria for apurado pela autoridade aduaneira;
- na data do vencimento do prazo de permanência dos bens em recinto alfandegado, se iniciado o respectivo despacho aduaneiro antes de aplicada a pena de perdimento, na situação prevista pelo art. 18 da Lei nº 9.779, de 19 de janeiro de 1999.

O PIS-importação e a Cofins-importação serão devidos sempre com o registro da declaração de importação ou declaração simplificada de importação.

Como consequência, a alíquota a ser utilizada no cálculo do tributo será aquela vigente na data do registro da correspondente declaração de importação.

Com amparo nos regimes aduaneiros especiais, nos quais geralmente existe suspensão do pagamento dos tributos, mercadorias estrangeiras entram no país, e as obrigações fiscais ficam suspensas pelo prazo fixado para permanência das mercadorias, desde que sejam cumpridas as condições estabelecidas.

Caso o importador beneficiário utilize qualquer tipo de regime especial e realize a nacionalização de item estrangeiro, deverá, no momento do registro de importação para nacionalização, pagar as duas contribuições, o PIS-importação e a Cofins-importação.

Base de cálculo

A base de cálculo é o valor aduaneiro, assim entendido o valor que servir ou que serviria de base para o cálculo do imposto de importação do valor das próprias contribuições.

Alíquota

As contribuições serão calculadas mediante aplicação, sobre a base de cálculo de que trata o ponto acima, das alíquotas de 1,65%, para o PIS/Pasep-importação, e 7,6%, para a Cofins-importação. Além dessa alíquota, a União acrescentou 1% à Cofins-importação para alguns itens relacionados no anexo I da Lei nº 12.546, de 14 de dezembro de 2011.

As alíquotas acima são as consideradas de aplicabilidade generalizada sobre a importação dos bens estrangeiros.

Pagamento e recolhimento

Por força das normas fiscais, o pagamento dos tributos federais devidos na importação de mercadorias, no ato de registro pelo Siscomex da respectiva declaração de importação (DI), a partir de 1/2/1998, é efetuado exclusivamente por débito automático em conta bancária em agência habilitada de banco integrante da rede arrecadadora de receitas federais, por meio de Darf eletrônico. O débito é efetuado pelo banco, na conta indicada pelo declarante por meio do Siscomex. O declarante deverá indicar, no ato da solicitação de registro da DI: o código do banco, o código da agência e o número da conta-corrente. O pagamento de créditos tributários lançados pela autoridade aduaneira, no curso do despacho ou por ocasião de revisão da declaração de importação, é efetuado por meio de Darf. O mesmo acontece com os créditos decorrentes de denúncia espontânea após o desembaraço aduaneiro da mercadoria e com os decorrentes de importações efetuadas sem registro no Siscomex, quando vinculados a decisão judicial. Logo, as contribuições serão pagas na data do registro da declaração de importação.

Também será efetuado o pagamento na data do vencimento do prazo de permanência do bem no recinto alfandegado.

Contribuição de intervenção de domínio econômico (Cide)

A contribuição de intervenção de domínio econômico, em particular a Cide-combustíveis, é uma contribuição aplicada à importação de petróleo e seus derivados, gás natural e seus derivados, e álcool etílico combustível.

Contribuintes

É contribuinte da Cide-combustíveis o importador, seja pessoa jurídica ou física, que promova a entrada, no território

aduaneiro, de petróleo e seus derivados, gás natural e seus derivados e álcool etílico combustível, bem como o adquirente, no caso de se tratar de uma operação por conta e ordem.

Incidência e isenções

A Cide-combustíveis incide nas importações de gasolina e suas correntes, diesel e suas correntes, querosene de aviação e outros querosenes, óleos combustíveis ou *fuel oil*, gás liquefeito de petróleo, inclusive o derivado de gás natural e de nafta, e álcool etílico combustível.

Fato gerador e recolhimento

É fato gerador a importação e o recolhimento correspondente deve ser realizado na data de registro da declaração de importação.

Base de cálculo e alíquotas

A base de cálculo da Cide-combustíveis é uma unidade de medida específica para cada um dos produtos atingidos pela contribuição, e as alíquotas estão fixadas pelo art. 14 da Lei nº 10.336/2001. Tais alíquotas, entretanto, por força do Decreto nº 7.764, de 22 de junho de 2012, estão em 0%.

Adicional ao frete para renovação da Marinha Mercante (AFRMM)

O AFRMM é um tributo federal que incide sobre os valores pagos sobre o frete de mercadorias que circulam em território nacional por meio aquaviário. Sua natureza jurídica é de intervenção de domínio econômico, destinado ao Fundo da Marinha

Mercante, com a finalidade de prover recursos para o desenvolvimento da indústria naval. O fato gerador é o início efetivo da operação de descarregamento da embarcação em porto nacional. Sendo assim, não incide sobre mercadorias importadas diretamente, não podendo ser considerado tributo incidente sobre o comércio exterior. O contribuinte desse tributo parafiscal é o consignatário constante do conhecimento de embarque, com alíquota de 25% sobre os valores desse frete em navegação de longo curso. Pode-se afirmar que é mais um dos diversos itens estatais que compõem o custo Brasil, que acabam por fim afetando o preço final de produtos importados.

Imposto sobre a circulação de mercadorias e serviços (ICMS)

O tributo de competência estadual e distrital incide sobre as operações de comércio exterior na importação e, por força de lei complementar, não incide nas exportações.

Contribuinte

É contribuinte do imposto relativamente às operações de importação a pessoa física ou jurídica que, mesmo sem habitualidade, importe mercadorias do exterior, ainda que as destine a consumo ou ao ativo permanente do estabelecimento, segundo a disposição do art. 4º, parágrafo único, da Lei Complementar nº 87/1996.

Incidência

Com relação às operações de comércio exterior, esclarecemos que o inciso I do §1º do art. 2º da Lei Complementar nº 87/1996 estabelece a incidência do ICMS sobre a entrada de mercadoria ou bem importados do exterior, por pessoa física ou jurídica, ainda que não seja contribuinte habitual do imposto, qualquer que seja a sua finalidade.

Já o inciso II do art. 3º da LC nº 87/1996 estabelece a não incidência do imposto sobre operações que destinem, ao exterior, mercadorias, inclusive produtos primários e produtos industrializados semielaborados.

Fato gerador

Considera-se ocorrido o fato gerador do ICMS na importação no momento do desembaraço aduaneiro das mercadorias importadas do exterior.

A entrega, pelo depositário, de mercadoria ou bem importado do exterior, após o desembaraço aduaneiro, deverá ser autorizada pelo órgão responsável pelo desembaraço, mediante a exibição do comprovante de pagamento do imposto incidente, no ato do despacho aduaneiro.

Base de cálculo

A base de cálculo do imposto, relativamente à mercadoria importada, é o valor da mercadoria ou bem constante dos documentos de importação, acrescido do imposto de importação, do IPI, do PIS e da Cofins sobre a importação, do IOF e de quaisquer despesas aduaneiras.

Entendem-se como despesas aduaneiras os valores pagos ou devidos à repartição alfandegária até o momento do desembaraço aduaneiro da mercadoria, tais como taxas e as decorrentes de diferença de peso, erro na classificação fiscal ou multa por infração.

O preço de importação expresso em moeda estrangeira será convertido em moeda nacional pela mesma taxa de câmbio utilizada no cálculo do imposto de importação, sem qualquer acréscimo ou devolução posterior, se houver variação na taxa de câmbio até o pagamento do efetivo preço.

Alíquota

De acordo com o estado da Federação no qual a mercadoria será desembaraçada pela importação, a alíquota poderá variar de 4% a 25%. Quando a mercadoria é desembaraçada em um estado da Federação (origem) e segue para ser consumida de fato em outro estado (destino), aplica-se normalmente a alíquota de 18% de ICMS, sendo aplicável a alíquota de 4% no estado brasileiro em que foi desembaraçada e a alíquota de 14% no estado onde será de fato consumida, conforme a Resolução nº 13/2012, do Senado Federal.

Podemos afirmar, sem sombra de dúvida, que o ICMS é o tributo brasileiro mais complexo, pelo excesso de legislações a serem estudadas e pelas dificuldades políticas para se obter o avanço de uma reforma legislativa a ser promovida no Congresso Nacional. As dificuldades são impostas sempre pelos governos estaduais, por meio de suas bancadas legislativas, principalmente na Câmara dos Deputados, contra qualquer alteração que possa significar algum tipo de perda de arrecadação, em detrimento do interesse legítimo dos contribuintes e do próprio desenvolvimento econômico que tal reforma poderá representar para toda a Federação brasileira.

Além dos regimes especiais e do aplicado aos itens que cruzam as fronteiras sem o gozo de nenhum tipo de suspensão tributária, conhecido como regime comum — no qual o importador promove o desembaraço dos bens estrangeiros de acordo com as regras previstas no Regulamento Aduaneiro, sendo o ato administrativo de desembaraço aduaneiro de responsabilidade exclusiva do auditor fiscal da Receita Federal do Brasil (AFRFB) —, existem processos de importação mais simples.

São aqueles aplicáveis a mercadorias estrangeiras de baixos valores e quantidades, como o regime de tributação simplificado (RTS), cujas regras se destinam às importações efetuadas por meio de remessas postais, via correios ou empresas de entrega, ou remessas expressas, nas quais o imposto de importação é calculado pela aplicação de uma alíquota única de 60%, sendo isentos os demais tributos incidentes na importação. Entretanto, o ICMS também será calculado e recolhido no estado em que ocorre a liberação ou desembaraço aduaneiro.

Outro regime aplicado de forma simplificada e pertencente ao grupo classificado como regime comum é o regime de tributação especial, sendo contempladas, nesse procedimento, as bagagens acompanhadas de turistas que retornam de viagens internacionais, com a adoção de imposto de importação com alíquota única de 50% e isenção dos outros tributos. O imposto de importação será exigido quando o montante de bens estrangeiros ultrapassar o valor de US$ 500,00 para via área e US$ 250,00 para rodoviário ou aquaviário.

Nos próximos capítulos teremos oportunidade de conhecer os processos de importação e exportação que permitem a suspensão dos pagamentos dos tributos que incidiriam, normalmente, em tais operações.

2 Regimes aduaneiros especiais com aplicação na atividade de logística

Neste capítulo apresentaremos os regimes aduaneiros especiais com forte aplicação e conteúdo para os processos logísticos. Os mesmos possibilitam a importação e exportação de itens estrangeiros e nacionais com suspensão de pagamento de tributos. Visam incentivar a armazenagem, o transporte e a circulação de bens na economia nacional e estrangeira.

Trânsito aduaneiro

Nosso objetivo neste tópico será apresentar o regime especial de trânsito aduaneiro por meio de seu conceito, modalidades, agentes beneficiários, garantias, responsabilidades aplicáveis, operacionalidade e vantagens de sua utilização.

Definição

O regime especial de trânsito aduaneiro é o que permite a circulação de mercadorias, por meio do transporte, sob controle aduaneiro, de um ponto a outro do território aduaneiro (nacional), com suspensão do pagamento de tributos. Lembre-se: a regra da legislação aduaneira é cobrança dos tributos incidentes na importação para permitir a livre circulação em nosso território aduaneiro. Sendo assim, o regime de trânsito aduaneiro, diferentemente dos demais regimes especiais, que representam claros benefícios econômicos, trata especificamente da liberação do trânsito ou transporte de mercadoria estrangeira ou nacional destinada à importação ou exportação no Brasil, sem o pagamento dos tributos, em nosso território aduaneiro. Esclarecemos que o território aduaneiro compreende todo o território nacional, que a circulação da mercadoria pode ser em qualquer modal de transporte e que o controle aduaneiro é exercido pela RFB.

A legislação aduaneira determina que o regime subsista do local de origem ao local de destino, ou seja, desde o momento do desembaraço para trânsito aduaneiro pela unidade controlada pela RFB de origem até o momento em que a unidade de destino conclui o trânsito aduaneiro, também sob controle fiscal.

Então vamos conceituar alguns institutos do trânsito aduaneiro:

a) local de origem: aquele que, sob controle aduaneiro, seja o ponto inicial do itinerário de trânsito;
b) local de destino: aquele que, sob controle aduaneiro, seja o ponto final do itinerário de trânsito;
c) unidade de origem: aquela que tenha jurisdição sobre o local de origem e na qual se processe o despacho para trânsito aduaneiro;
d) unidade de destino: aquela que tenha jurisdição sobre o local de destino e na qual se processe a conclusão do trânsito aduaneiro.

As informações mencionadas são importantes para compreendermos o fluxo do regime que se processa basicamente quando a mercadoria está, fisicamente, no local de origem (a) e sob controle aduaneiro da Receita Federal neste local (c) para que, se autorizado, seja iniciado o transporte até o local de destino (b), onde a RFB finalizará ou concluirá o regime (d).

Beneficiários e modalidades de trânsito

Como regra geral, o transporte da mercadoria sob o regime especial de trânsito aduaneiro deverá ser realizado por empresa previamente habilitada, em caráter precário, pela RFB. As empresas interessadas em transportar mercadorias sob o regime de trânsito aduaneiro deverão habilitar-se na unidade de fiscalização aduaneira mediante solicitação de cadastramento no sistema e apresentação do termo de responsabilidade para trânsito aduaneiro.

Conforme explicado no quadro 1, a legislação estabelece as modalidades e os beneficiários do regime de trânsito aduaneiro.

Quadro 1
MODALIDADES E BENEFICIÁRIOS DO REGIME DE TRÂNSITO ADUANEIRO

Modalidade	Beneficiário
A — Transporte de mercadoria procedente do exterior, do ponto de descarga no território aduaneiro até o ponto onde deva ocorrer outro despacho.	Importador brasileiro. Permissionário ou concessionário de recinto alfandegado. Operador de transporte multimodal. Transportador habilitado. Agente credenciado a efetuar operações de unitização ou desunitização da carga em recinto alfandegado.

Continua

Modalidade	Beneficiário
B – Transporte de mercadoria nacional ou nacionalizada, verificada ou despachada para exportação, do local de origem ao local de destino, para embarque ou para armazenamento em área alfandegada para posterior embarque.	Exportador brasileiro. Permissionário ou concessionário de recinto alfandegado. Operador de transporte multimodal. Transportador habilitado. Agente credenciado a efetuar operações de unitização ou desunitização da carga em recinto alfandegado.
C – Transporte de mercadoria estrangeira despachada para reexportação, do local de origem ao local de destino, para embarque ou armazenamento em área alfandegada para posterior embarque.	Exportador brasileiro. Permissionário ou concessionário de recinto alfandegado. Operador de transporte multimodal. Transportador habilitado. Agente credenciado a efetuar operações de unitização ou desunitização da carga em recinto alfandegado.
D – Transporte de mercadoria estrangeira de um recinto alfandegado situado na zona secundária a outro.	Depositante. Permissionário ou o concessionário de recinto alfandegado. Operador de transporte multimodal. Transportador habilitado. Agente credenciado a efetuar operações de unitização ou desunitização da carga em recinto alfandegado.
E – Passagem, pelo território aduaneiro, de mercadoria procedente do exterior e a ele destinada.	Representante brasileiro de importador ou exportador domiciliado no exterior. Operador de transporte multimodal. Transportador habilitado. Agente credenciado a efetuar operações de unitização ou desunitização da carga em recinto alfandegado.

Continua

Modalidade	Beneficiário
F — Transporte, pelo território aduaneiro, de mercadoria procedente do exterior, conduzida em veículo em viagem internacional até o ponto em que se verificar a descarga.	Importador brasileiro. Permissionário ou concessionário de recinto alfandegado. Operador de transporte multimodal. Transportador habilitado. Agente credenciado a efetuar operações de unitização ou desunitização da carga em recinto alfandegado.
G — Transporte, pelo território aduaneiro, de mercadoria estrangeira, nacional ou nacionalizada, verificada ou despachada para reexportação ou para exportação e conduzida em veículo com destino ao exterior.	Exportador brasileiro. Permissionário ou concessionário de recinto alfandegado. Operador de transporte multimodal. Transportador habilitado. Agente credenciado a efetuar operações de unitização ou desunitização da carga em recinto alfandegado.

Cada modalidade ou espécie de trânsito constante no quadro 1 terá uma espécie de Declaração de Trânsito Aduaneiro a ser feita à RFB e somente poderá ser realizada pelo correspondente beneficiário do regime especial. A seguir verificaremos os demais procedimentos necessários à realização da operação de trânsito aduaneiro.

Responsabilidades e garantias

O montante dos tributos resultantes da suspensão de pagamento relativos à mercadoria, por usufruírem regime de trânsito aduaneiro, será constituído em termo de responsabilidade, firmado na data do registro da Declaração de Trânsito Aduaneiro (DTA), que assegure sua eventual liquidação e cobrança. Poderá ser solicitada, ao beneficiário do regime, a apresentação de garantia no montante total dos valores suspensos. A garantia poderá ser prestada na forma de depósito em dinheiro, fiança idônea ou seguro aduaneiro em favor da União, a critério do transportador.

A legislação aduaneira prevê a dispensa de apresentação de garantia nas operações de trânsito em alguns casos, como aqueles em que o beneficiário do regime seja concessionário ou permissionário de recinto alfandegado de destino, na condição de depositário. E fica condicionada à prévia apresentação, pelo beneficiário, de Termo de Fiel Depositário de Mercadoria em Trânsito (TFDT) na unidade de fiscalização aduaneira. Poderá também ser dispensada a garantia ao transportador que possua patrimônio líquido superior a R$ 2 milhões. De qualquer forma, a dispensa de apresentação será reconhecida automaticamente pelo sistema informatizado. Com isso, o DTA comum de entrada deverá ter garantia.

Quanto à responsabilidade, o transportador responde pelo conteúdo dos volumes nos casos previstos na legislação, tais como substituição de mercadoria após o embarque ou extravio de mercadoria em volume descarregado com indício de violação ou avaria visível por fora do volume descarregado, e deverá apresentar a mercadoria submetida ao regime de trânsito aduaneiro na unidade de destino, na forma e dentro do prazo fixado, sob pena do cumprimento das obrigações assumidas no termo de responsabilidade, sem prejuízo das penalidades cabíveis.

Com a execução do termo de responsabilidade, os tributos serão os vigentes na data da sua assinatura, com os acréscimos legais.

Operacionalidade

Para utilizar plenamente o trânsito aduaneiro, o beneficiário deverá cumprir as rotinas operacionais, que consistem no despacho aduaneiro para a concessão do regime.

O procedimento inicial será o registro em declaração formulada pelo beneficiário no Siscomex, conhecida como Declaração de Trânsito Aduaneiro (DTA), que deverá ser requerida e concedida pela Receita Federal da unidade de origem.

A autoridade fiscal, para permitir o início do trânsito propriamente dito, poderá realizar a conferência do trânsito, que tem por finalidade identificar o beneficiário, verificar a mercadoria e a correção das informações relativas a sua natureza e quantificação e confirmar o cumprimento do eventual controle administrativo.

A conferência para trânsito será realizada na presença do beneficiário e do transportador e poderá limitar-se à identificação de volumes, podendo ser adotados critérios de seleção e amostragem.

Sempre que julgar conveniente, a fiscalização poderá determinar a abertura dos volumes ou recipientes, para a verificação das mercadorias, antes do início do trânsito, por exemplo. Tal procedimento fiscal tem como objetivo impedir a violação dos volumes ou recipientes e, se for o caso, do veículo transportador. A fiscalização poderá, ainda, adotar cautelas fiscais, tais como lacração do veículo de transporte ou contêiner, aplicação de outros dispositivos de segurança e, em casos especiais, o acompanhamento fiscal, completando, assim, o despacho com o desembaraço aduaneiro para trânsito aduaneiro.

Uma vez iniciado o trânsito aduaneiro, com a saída do veículo com a carga estrangeira da unidade aduaneira de origem, com sua passagem em vias de transporte nacional e suspensão do pagamento dos tributos aduaneiros, a legislação prevê que ele poderá ser interrompido em alguns casos excepcionais; ocorrida a interrupção, o transportador deverá imediatamente comunicar o fato à unidade aduaneira jurisdicionante do local onde se encontrar o veículo, para a adoção das providências cabíveis.

Para conclusão do trânsito aduaneiro, a unidade de destino procederá ao exame dos documentos e à verificação do veículo, dos dispositivos de segurança e da integridade da carga.

Constatando o cumprimento das obrigações do transportador, a unidade de destino efetuará a conclusão do trânsito aduaneiro por meio do Siscomex e procederá à baixa do termo de responsabilidade junto à unidade de origem.

No caso de chegada do veículo fora do prazo determinado, sem motivo justificado, algumas providências têm de ser tomadas. São elas:

- o fato deverá ser comunicado à unidade de origem pela unidade de destino;
- poderão ser adotadas cautelas especiais para com o transportador, especialmente o acompanhamento fiscal sistemático, sem prejuízo das penalidades cabíveis.

Se ocorrida violação, adulteração ou troca de dispositivos de segurança, ou manipulação indevida de volumes ou mercadorias, o fato deverá ser apurado mediante procedimento administrativo, sem prejuízo da correspondente representação fiscal para efeito de apuração do ilícito penal.

Benefícios da aplicação do regime de trânsito aduaneiro

Podemos entender que a utilização deste regime especial visa, basicamente, à facilitação da circulação de mercadoria ou produtos estrangeiros ou nacionais, destinados à importação ou exportação, com o benefício da suspensão do pagamento de tributos. Com a possibilidade de circular com bens estrangeiros dentro do território brasileiro com a suspensão do pagamento dos tributos, o regime permite, diretamente ao importador ou exportador, a escolha de opção pelo local onde entenda ser mais interessante promover a nacionalização da mercadoria importada ou a exportação de produtos brasileiros. É a opção de deslocar-se com mercadorias de uma alfândega, por exemplo, um porto alfandegado, para um porto seco, um armazém no interior do Brasil, onde os custos sejam menores ou o serviço mais eficiente. Todos sabemos que muitas estruturas portuárias sofrem falta de investimentos e não oferecem serviços de qualidade aos operadores do comércio exterior. Por consequência, a busca de locais mais próximos das empresas importadoras com serviços à altura da necessidade do mercado e por menores custos é um direito e uma livre decisão do operador do comércio exterior. O Estado, somente em último caso, devidamente motivado pelo interesse público, poderá vetar a operação de trânsito aduaneiro solicitada.

A seguir apresentaremos um regime muito simpático para aqueles viajantes que passam em nossos portos e aeroportos, o qual permite a compra de produtos estrangeiros ou nacionais com isenção de tributos.

Loja franca

É o regime que permite a venda de mercadorias nacionais ou estrangeiras, por estabelecimento comercial instalado na zona primária de porto ou aeroporto alfandegado, com isenção de tributos aos passageiros de viagens internacionais, contra pagamento em moeda estrangeira conversível, podendo tal pagamento ser feito em espécie, cheque de viagem ou cartão de crédito.

É permitida também a venda de mercadorias às empresas de navegação, aérea ou marítima, destinadas ao consumo de bordo ou venda aos passageiros em viagem internacional.

Autorização para instalação e funcionamento

A autorização para instalar e operar loja franca será outorgada à empresa selecionada mediante concorrência pública.

O processo licitatório será realizado conjuntamente com a entidade administradora do porto ou aeroporto. A autorização será outorgada pelo secretário da RFB, mediante ato declaratório, podendo ser cassada se o beneficiário descumprir obrigações assumidas ou cometer qualquer infração à legislação tributária ou aduaneira.

Operacionalização

A admissão de mercadoria em loja franca será feita mediante:

- declaração de admissão, no caso de mercadorias estrangeiras;
- nota fiscal, no caso de mercadorias produzidas no país.

A loja franca deverá ter, no mínimo, um depósito para guarda das mercadorias que constituam o seu estoque, instalado em zona primária ou secundária, em recinto previamente alfandegado. As mercadorias permanecerão depositadas, com suspensão de tributos e sob controle fiscal, convertendo-se a suspensão em isenção, automaticamente, por ocasião da venda.

Somente poderão adquirir mercadorias em loja franca (art. 10 da Portaria MF nº 112/2008):

- tripulante de aeronave ou embarcação em viagem internacional de partida;
- passageiro saindo do país;
- passageiro chegando do exterior;
- empresas de navegação aérea ou marítima, em viagem internacional, visando ao consumo de bordo ou à venda em águas ou espaço aéreo internacionais;
- missões diplomáticas, repartições consulares e representações de organismos internacionais de caráter permanente e seus integrantes e assemelhados.

A venda a passageiro chegando do exterior está sujeita aos seguintes limites:

- US$ 500,00 por via área e marítima;
- 24 unidades de bebidas alcoólicas (máximo de 12 unidades por tipo);
- 20 maços de cigarros;
- 25 unidades de charutos ou cigarrilhas;
- 250 g de fumo para cachimbo;
- 10 unidades de artigos de toucador;
- três unidades de relógios, máquinas, aparelhos, equipamentos, brinquedos, jogos ou instrumentos elétricos ou eletrônicos.

Controle fiscal

Compete à unidade da RFB jurisdicionante a fiscalização e o controle das operações realizadas pela loja franca.

O próximo tema, regime de depósito especial, traz a importação de estoques de partes e peças necessárias ao reparo e à manutenção de ativos importados, com suspensão do pagamento de tributos.

Depósito especial (DE)

O regime aduaneiro de depósito especial (DE) é o que permite a estocagem com suspensão do pagamento de tributos de partes, peças, componentes e materiais de reposição ou manutenção, para veículos, máquinas, equipamentos, aparelhos e instrumentos, estrangeiros, nacionalizados ou não utilizados em determinadas atividades econômicas previstas pela própria norma disciplinadora.

A legislação, em algumas atividades econômicas, determina exatamente que tipos de bens serão agraciados com o serviço de reparo e manutenção, a partir dos itens estrangeiros depositados nesse regime. Para facilitar a compreensão, a seguir relacionamos os bens que sofrerão o serviço de reparo e manutenção e a respectiva atividade econômica aplicados no Brasil:

- aeronaves, motores e reatores para aeronaves, simuladores de voo, ferramentas de uso exclusivo em aeronaves, embarcações, locomotivas, vagões e equipamentos ferroviários, unidades de carga — atividades de transporte;
- tratores, máquinas, equipamentos e implementos agrícolas — atividades de apoio à produção agrícola;
- aeronaves militares, inclusive seus motores e reatores, navios e embarcações militares, veículos militares blindados ou não, equipamentos ópticos, eletrônicos, optrônicos, de comunicações e similares, integrantes de sistemas de armas ou de comando e controle, ferramental, equipamentos e instrumentos especializados para manutenção, simuladores e outros dispositivos de treinamento, armamento de uso privativo das Forças Armadas e mísseis e foguetes, todos aplicados a material de emprego militar (MEM), destinado à defesa nacional e atividade de defesa nacional.

Outras atividades econômicas são mencionadas, porém sem a definição exata dos bens específicos que sofrerão reparo ou manutenção, como construção e manutenção de rodovias, ferrovias, portos, aeroportos, barragens e serviços afins; pesquisa, prospecção e exploração de recursos minerais; geração e transmissão de som e imagem; diagnose, cirurgia, terapia e pesquisa médicas, realizadas por hospitais, clínicas de saúde e laboratórios; geração, transmissão e distribuição de energia elétrica; análise e pesquisa científica, realizadas por laboratórios.

Base operacional

A base operacional do regime é de uso privativo e denomina-se, igualmente, depósito especial. Porém, o local da empresa, para adotar o regime especial, considera-se área não alfandegada em zona secundária no território aduaneiro.

Autorização para instalação

A habilitação e consequente autorização para operar no regime são de competência da RFB e poderão ser canceladas ou suspensas a qualquer tempo, nos casos de descumprimento das condições estabelecidas ou de infringência de disposições legais ou regulamentares, sem prejuízo da aplicação de penalidades específicas. A empresa deverá adotar sistema de controle informatizado próprio. Poderão habilitar-se a operar no regime as empresas que atendam aos termos, limites e condições estabelecidos em ato normativo pela RFB. O chefe da unidade jurisdicionante, que fiscaliza o local do depósito, será competente para habilitar a empresa interessada.

Admissão

Serão admitidas no regime somente mercadorias importadas sem cobertura cambial. Seu despacho de admissão será processado na repartição de jurisdição do DE, mediante declaração de importação — admissão em DE de forma automática no Siscomex —, e elas poderão ficar em estocagem até o prazo máximo de cinco anos. Após esse período, o regime para tais mercadorias deverá ser extinto.

Extinção

As mercadorias admitidas em DE poderão ter um dos seguintes tratamentos para sua extinção:

- reexportação, por meio da devolução pura e simples ao exterior;
- exportação, quando as mercadorias forem aplicadas em serviços de reparo ou manutenção de veículos, máquinas, aparelhos e equipamentos estrangeiros que se encontrem no país em regime de admissão temporária. A exportação de mercadorias admitidas no regime prescinde de despacho para consumo;
- transferência para outro regime aduaneiro especial ou aplicado em áreas especiais;
- despacho para consumo, com os pagamentos dos tributos de importação normalmente incidentes na entrada de mercadoria estrangeira no território aduaneiro, sendo pagos até o décimo dia do mês seguinte de sua utilização, por meio do registro da declaração de importação para consumo, com observância das exigências legais e regulamentares, inclusive as relativas ao controle administrativo das importações;
- destruição, mediante autorização do consignante, a expensas do interessado e sob controle aduaneiro.

O próximo regime tem como característica a logística voltada para a armazenagem de mercadoria estrangeira destinada à área de serviços aeronáuticos.

Depósito afiançado (DAF)

O regime aduaneiro especial de depósito afiançado (DAF) é o que permite a estocagem, com suspensão do pagamento de tributos, de materiais importados sem cobertura cambial, destinados à manutenção e ao reparo de aeronave pertencente a empresa autorizada a operar no transporte comercial internacional, e utilizados nessa atividade. É permitido que o DAF seja utilizado para as provisões de bordo das empresas de transporte aéreo estrangeiras.

Base operacional

A base operacional do regime é de uso privativo das empresas de transporte beneficiárias e denomina-se, igualmente, depósito afiançado. Os depósitos das empresas aéreas deverão localizar-se em zona primária ou secundária.

Autorização para instalação

A autorização para instalação de DAF será dada a título precário, pela autoridade aduaneira jurisdicionante do local do depósito, com habilitação prévia. No caso de empresas estrangeiras, a autorização para o funcionamento de DAFs é condicionada a que estejam previstos em ato internacional firmado pelo Brasil ou à comprovada existência de reciprocidade de tratamento.

A autorização para operar o regime de DAF em aeroportos internacionais está sujeita ao atendimento de algumas exigências, tais como: a empresa deve ser titular de uma base operacional de DAF, ter as mercadorias importadas com suspensão dos tributos e sem cobertura cambial, manter serviços de transportes aéreos internacionais regulares e, por fim, dispor de controle aduaneiro da entrada, da permanência e da saída de mercadorias a ser feito por meio de processo informático.

Operacionalização

A admissão de mercadorias no DAF será feita sem necessidade de registro no Siscomex. Em aeroportos internacionais, o regime subsiste a partir da admissão até que a mercadoria aplique-se aos seus serviços de manutenção e reparo de aeronaves. Poderá ainda a mercadoria admitida sofrer reexportação quando destinada a consumo de bordo. Extingue-se o regime ainda por meio de destruição da mercadoria.

O prazo de permanência das mercadorias no regime será de cinco anos, contados da data de sua admissão.

Depósito alfandegado certificado (DAC)

O regime de depósito alfandegado certificado (DAC) é o que permite considerar exportada, para todos os efeitos fiscais, creditícios e cambiais, a mercadoria nacional depositada em recinto alfandegado certificado pela RFB, vendida a pessoa sediada no exterior, mediante contrato de entrega no território nacional e à ordem do adquirente. Este regime permite o depósito, em recinto alfandegado, de mercadoria produzida no país e vendida ao exterior, com a condição de aqui permanecer depositada à disposição do comprador.

Na hipótese de mercadorias que, em razão de sua dimensão ou peso, não possam ser depositadas nos recintos alfandegados de porto, aeroporto ou porto seco, poderá ser autorizado, pelo titular da unidade da RFB de jurisdição, a pedido do depositário, o armazenamento em outros locais, inclusive no próprio estabelecimento do exportador. Tal figura aduaneira foi intitulada como DAC virtual, pois a mercadoria fica armazenada num local e declarada à Receita em um segundo recinto, que responde pela guarda e armazenagem até a extinção do regime.

Permissão

Compete ao superintendente regional da RFB outorgar permissão para a prática do regime no local alfandegado (uso público, instalação portuária de uso misto privativo), por meio de Ato Declaratório Executivo (ADE), a pedido do respectivo titular. A autorização para operar o regime será concedida a requerimento do administrador do recinto, apresentado ao titular da unidade da RFB com jurisdição sobre o local. Algumas das condições para obter o regime são: a delimitação, no recinto, de área destinada exclusivamente à movimentação e armazenagem de mercadoria estrangeira ou desnacionalizada; e o desenvolvimento e a manutenção de controle informatizado de entrada, movimentação, armazenamento e saída das mercadorias submetidas ao regime. O ADE especificará a área a ser utilizada para operar o regime e estabelecerá os gêneros das cargas que poderão ser submetidas a ele.

Operacionalização

A admissão no regime será autorizada para mercadoria:

- vendida à pessoa sediada no exterior, que tenha constituído mandatário credenciado junto à RFB, mediante contrato de entrega no território brasileiro, à ordem do comprador, em recinto autorizado a operar o regime, por ele designado. O contrato de venda deverá contemplar, além do valor a ser pago pela mercadoria, a responsabilidade do comprador pelo pagamento das despesas de transporte, seguro, documentação e outras necessárias à admissão e permanência no regime, bem como pela obtenção dos documentos necessários à transferência da mercadoria para o exterior e pelo embarque, transporte e seguro internacionais;
- desembaraçada para exportação, sob o regime DAC, no recinto autorizado, com base em DDE registrada no Siscomex;
- discriminada em conhecimento de depósito emitido pelo permissionário ou concessionário do recinto autorizado a operar o regime.

O conhecimento de depósito emitido para a mercadoria a ser admitida no regime, denominado Conhecimento de Depósito Alfandegado (CDA), será emitido eletronicamente e obedecerá às formalidades estabelecidas na legislação comercial, devendo conter, sem prejuízo de outros estabelecidos naquela legislação, alguns dados, como, por exemplo: número, local e data de emissão; nome, número de inscrição no Cadastro Nacional de Pessoas Jurídicas (CNPJ) e endereço do depositário; nome, número de inscrição no CNPJ ou no Cadastro de Pessoas Físicas (CPF); endereço do vendedor e do mandatário; nome e endereço do comprador etc.

O CDA emitido pelo permissionário ou concessionário que administre o recinto alfandegado comprova o depósito, a tradição e a propriedade da mercadoria e a data de sua emissão. Autorizada a admissão ao regime, determina o início da vigência deste e equivale à data de embarque da mercadoria para o exterior. A mercadoria admitida no regime será considerada exportada para os efeitos fiscais, creditícios e cambiais e terá tratamento de mercadoria estrangeira, sujeitando-se à legislação de regência das importações.

Vigência

O prazo de permanência da mercadoria no regime será aquele estabelecido no CDA, não podendo superar 12 meses da data em que se encontre naquela área armazenada.

Extinção do regime DAC

Para extinção deste regime especial será exigida a emissão de nota de expedição (NE), por parte do responsável pela armazenagem da mercadoria exportada. Neste documento expedido haverá a correspondente anotação, pela fiscalização da RFB, Aduana, em todas as suas vias.

Na hipótese de despacho para consumo ou para admissão da mercadoria em outro regime aduaneiro, a NE instruirá a correspondente declaração de importação e do desembaraço para consumo ou para admissão em qualquer dos seguintes regimes, mediante o correspondente despacho aduaneiro e o cumprimento das exigências legais e administrativas estabelecidas na legislação respectiva:

- *drawback*;
- admissão temporária em geral e admissão temporária aplicada para as atividades de pesquisa e exploração de petróleo e seus derivados (Repetro);
- loja franca. A extinção do regime DAC dar-se-á mediante a admissão no regime de loja franca e será admitida quando a correspondente importação for realizada em consignação. O pagamento ao consignante estrangeiro somente será permitido após a efetiva venda da mercadoria na loja franca, nos casos de vendas previstas neste regime;
- entreposto aduaneiro.

O regime será considerado extinto após a confirmação do embarque ou da transposição de fronteira da mercadoria ou do correspondente desembaraço aduaneiro.

A seguir iremos apresentar o regime especial de depósito franco.

Depósito franco

No âmbito do Mercosul, o Brasil, como membro efetivo e de acordo com a política de cooperação com os países vizinhos que, geograficamente, não possuem porto marítimo, particularmente Paraguai e Bolívia, criou um regime especial aduaneiro denominado depósito franco.

O bem maior deste regime é facilitar a logística internacional marítima dos países vizinhos que, não tendo acesso via porto, podem utilizar as instalações portuárias brasileiras no seu comércio de exportação e importação com terceiros países. Assim, por exemplo, um importador paraguaio importando mercadorias de um fornecedor da China pode desembarcar a carga em porto brasileiro e, posteriormente, atravessando o território nacional, internar a mercadoria na Bolívia.

Controle

Cabe à RFB ditar as normas operacionais para que estas mercadorias, cujo destino final é o país vizinho, sejam respeitadas, uma vez que estão armazenadas num recinto alfandegado em território brasileiro.

Concessão

Este regime alfandegado será concedido aos países vizinhos em razão de um acordo ou convênio internacional firmado entre o Brasil e o país limítrofe.

O próximo regime especial é voltado para incentivar os investimentos em equipamentos a serem utilizados na modernização dos portos brasileiros, pela importação com benefício fiscal.

Regime tributário para incentivo à estrutura portuária (Reporto)

O chamado custo Brasil é o ponto crucial a ser resolvido para que o desempenho exportador do país possa atingir o objetivo de um país globalizado. A modernização da atividade portuária é parte fundamental desse esforço logístico e, para atingir o objetivo, o Brasil criou o chamado regime tributário para incentivo à modernização e ampliação da estrutura portuária (Reporto).

Finalidade

O Reporto é uma das medidas relacionadas à política industrial levada a cabo pelo governo federal, em agosto de 2004, com o objetivo de estimular a realização de investimentos na recuperação, modernização e ampliação dos portos brasileiros, reduzindo o surgimento de gargalos logísticos na infraestrutura portuária.[1]

Benefícios

A utilização do Reporto permite a importação ou aquisição, no mercado interno, de bens relacionados por norma disciplinadora da Receita Federal do Brasil, tais como máquinas, equipamentos e bens com suspensão do pagamento de tributos, tais como imposto de importação (alíquota em torno de 14%), imposto sobre produtos industrializados (alíquota média de 5%), contribuição para o PIS/Pasep (alíquota de 0,65% ou 1,65%), Contribuição para o Financiamento da Seguridade Social (Cofins) (alíquota de 3% ou 7,6%).

Após o decurso de cinco anos, os tributos internos e os incidentes deixam a situação de suspensão fiscal e opera-se o instituto da isenção, desde que os ativos adquiridos sejam mantidos nas finalidades da infraestrutura portuária, ou seja,

[1] Extraído de <http://investimentos.mdic.gov.br/public/arquivo/arq1272980918.pdf>. Acesso em: abr. 2014.

aplicados em instalações portuárias para as operações de carregamento ou descarga de mercadorias em cais, armazéns etc. Para as contribuições sociais, converte-se da suspensão dos pagamentos dos tributos, de forma definitiva, em alíquotas para zero por cento.

Beneficiários

São beneficiárias deste regime especial algumas das pessoas jurídicas que atuam na atividade portuária, tais como: o operador portuário, o concessionário de porto organizado, o arrendatário de instalação portuária de uso público, a empresa autorizada a explorar instalação portuária de uso privativo misto.

Relação de mercadorias beneficiadas com a renúncia tributária

Por meio de medida legal, temos a relação de máquinas, equipamentos e bens, objeto da suspensão instituída pelo Reporto, em que são mencionados: trilhos e outros elementos de vias férreas; locomotivas; vagões para transporte de mercadorias sobre vias férreas; aparelhos e instrumentos de pesagem; talhas; cadernais e moitões; guinchos e cabrestantes; cábreas; guindastes, incluídos os de cabo; pontes rolantes; pórticos de descarga ou de movimentação; pontes-guindastes; carros-pórticos e carros-guindastes; empilhadeiras; outros veículos para movimentação de carga e semelhantes, equipados com dispositivos de elevação; outras máquinas e aparelhos de elevação, de carga, de descarga ou de movimentação; tratores rodoviários para semirreboques; veículos automóveis para transporte de mercadorias; veículos automóveis sem dispositivo de elevação, dos tipos utilizados em fábricas, armazéns, portos ou aeroportos, para transporte de mercadorias a curtas distâncias; reboques e semirreboques para quaisquer veículos; e outros veículos não autopropulsados.

Operacionalização do Reporto

As importações no regime estão sujeitas ao licenciamento não automático de importação no Siscomex. Com isso, será necessária a solicitação da licença de importação (LI) prévia ao embarque da mercadoria no exterior. Como se transformará o efeito da suspensão do pagamento do tributo no momento da importação em isenção, após os cinco anos será necessário que as mercadorias ao abrigo do regime sofram o chamado exame de similaridade nacional. O exame de similaridade é realizado pela Secex, com base nos dados e documentos do pedido de licença de importação pelo importador no Siscomex. A Secex consulta, subsidiariamente, a Associação Brasileira dos Fabricantes de Máquinas e Equipamentos (Abimaq) acerca da existência de fabricantes nacionais de máquinas e equipamentos similares aos bens estrangeiros.

Chegamos aos principais conceitos dos regimes aduaneiros aplicados preferencialmente às atividades de logística. Desdobramos cada um deles para esclarecer a sua base legal e operacionalidade. Acreditamos que, de agora em diante, você possa aplicá-los com maior frequência, pois eles com certeza contribuirão para aprimorar seus processos de exportação e importação bem como para reduzir os custos dessas operações.

No próximo capítulo apresentaremos os regimes aduaneiros especiais de admissão e exportação temporária e suas variações, despontadas na legislação aduaneira. Eles estão entre os principais regimes especiais utilizados no Brasil e no exterior.

3 Regimes aduaneiros especiais de admissão ou exportação temporária e suas variações

Os regimes aduaneiros especiais aplicáveis às operações de exportação e importação com utilização temporária de bens, sejam eles nacionais ou estrangeiros, no território brasileiro, têm como princípio o desembaraço, a título não definitivo, em que ocorre a suspensão do recolhimento dos tributos. Sua utilização pode ou não implicar o desenvolvimento de atividade econômica, podendo a mesma ser praticada por indústrias, prestadores de serviço ou empresas de entretenimento.

Admissão temporária

A admissão temporária é o regime especial que permite a importação, com a suspensão parcial ou a suspensão total do pagamento dos tributos aduaneiros incidentes sobre bens estrangeiros que devam permanecer no país, durante prazo determinado, para finalidades não econômicas ou em atividades econômicas, retornando ao exterior sem sofrer modificações que lhes confiram nova individualidade.

Objetivo

Este regime suspensivo tem como objetivo favorecer a importação temporária de bens para atender a interesses nacionais de ordem econômica ou não econômica, com caráter científico, técnico, social, cultural etc., sem custos fiscais ou com baixo custo. Conforme apresentaremos, o regime especial de admissão temporária permite não somente a satisfação pela utilidade que esses bens podem oferecer à sociedade brasileira, mas também ganhos de natureza econômica.

É um dos regimes aduaneiros com maior aplicação e que tende a ser cada vez mais utilizado em função do nosso crescimento econômico, científico e cultural. Ele propicia a entrada temporária de bens estrangeiros em nosso território nacional, justamente para servir ao desenvolvimento das atividades econômicas, com a promoção do intercâmbio pela utilização desses bens estrangeiros para o desenvolvimento de nossa indústria e serviços.

Condições básicas

A aplicação do regime de admissão temporária se sujeita ao cumprimento das seguintes condições básicas e cumulativas, as quais serão fiscalizadas pela autoridade aduaneira:

- constituição das obrigações fiscais em termo de responsabilidade — as obrigações fiscais suspensas pela aplicação do regime de admissão temporária serão constituídas em termo de responsabilidade, no qual o beneficiário deverá firmar seu compromisso em pagar a totalidade dos tributos suspensos na importação ao abrigo do regime. Não constará neste termo o valor de penalidades pecuniárias e de outros acréscimos legais, os quais serão objeto de lançamentos específicos no caso de inadimplência das condições estabelecidas para a aplicação do regime. O termo será firmado na própria declaração de importação.

Além do termo, poderá ser exigida, em determinadas situações, a prestação de garantia pelo valor dos tributos suspensos. A garantia é uma figura complementar e acessória ao termo firmado na própria declaração de importação ou declaração simplificada de importação.

O termo de responsabilidade sofrerá processo de execução, por parte da autoridade aduaneira, quando:

- expirar o prazo de permanência dos bens no país, sem que tenham sido requeridas a sua prorrogação, reexportação, entrega à Fazenda Nacional, destruição, transferência para outro regime especial ou despacho para consumo;
- for excedido o prazo de 30 dias da ciência da decisão de indeferimento do pedido de prorrogação de prazo ou da solicitação para promover a reexportação ou a entrega à Fazenda Nacional, destruição, transferência para outro regime especial ou despacho para consumo;
- for constatado que os bens apresentados para sua extinção não correspondem aos ingressados no país;
- ficar comprovado que os bens foram utilizados em finalidade diversa daquela que justificou a concessão do regime;
- ocorrer destruição dos bens por dolo ou culpa do beneficiário do regime.

Quando os bens admitidos no regime forem danificados em virtude de sinistro, o valor da garantia será, a pedido do interessado, reduzido proporcionalmente ao montante do prejuízo, sendo necessária a apresentação de laudo pericial do órgão oficial competente, do qual deverão constar as causas e os efeitos do sinistro;

- adequação dos bens à finalidade para a qual foram importados — os bens admitidos temporariamente no país devem

cumprir duas condições: (i) a de serem utilizados dentro do prazo fixado pela autoridade aduaneira para sua permanência no país, prazo este previsto em lei e regulamento; e (ii) a de serem usados exclusivamente nos fins para os quais foram temporariamente importados, sob pena de descaracterização da admissão temporária concedida. O desvio de finalidade é sancionado com a imediata execução do termo de responsabilidade ou conversão do depósito eventualmente feito em renda da União. Deve ficar claro que a finalidade é elemento essencial do conceito do regime;

- importação em caráter temporário, comprovada esta condição por qualquer meio julgado idôneo — poderá a autoridade competente solicitar as informações que entender necessárias para a avaliação do mérito do pedido. Neste caso, o princípio da razoabilidade deverá nortear o ato administrativo, quando poderá solicitar esclarecimentos, como documentos, contratos, laudos técnicos etc.;
- importação sem cobertura cambial — o regime de admissão temporário, como a maioria dos especiais, determina que não pode ocorrer a transferência de recursos do Brasil ao exterior. Isto porque a transferência do bem estrangeiro, por parte do exportador ao beneficiário do regime, somente ocorre a título de posse; não é transferência da propriedade, feita por meio da transação mercantil. Logo, não poderá ocorrer a compra e venda internacional do bem. Entretanto, vale esclarecer que pode haver a remessa de recursos por parte de beneficiário do regime nos casos de contratos de aluguel, arrendamento mercantil e prestação de serviços. Essas situações apresentam simplesmente a remuneração pela utilização da coisa, e não a transferência plena do direito de propriedade da coisa;
- identificação dos bens — a identificação dos bens deve ser feita antes do seu desembaraço aduaneiro, por meio dos seguintes procedimentos:

- anotação de marcas de fábrica, números e outras indicações gravadas ou impressas nos bens;
- retirada de amostras;
- anexação de plantas, desenhos fotográficos e literatura técnica;
- solicitação de laudos e pareceres técnicos;
- fotos digitais, entre outros recursos de mídia.

A motivação para realizar a identificação do bem que está sendo importado sob o manto do regime especial de admissão temporária é a necessidade de comprovar, no momento de sua devolução ao exterior, por meio do despacho aduaneiro de reexportação, que foi aquele bem que adentrou o território brasileiro.

Conforme visto, a não apresentação do mesmo bem para sua devolução ao exterior pressupõe o desvio de finalidade, e seu consumo, por consequência, levará ao processo de execução do termo de responsabilidade e cobrança da garantia. Na impossibilidade de adoção dos meios de identificação citados, cabe a aposição de marcas aduaneiras, tais como: sinetes, etiquetas, perfurações, carimbos em tinta indelével ou outras formas inalteráveis, que assegurem a identificação dos bens.

Operacionalidade

O regime especial de admissão temporária é concedido pela autoridade fiscal da RFB da alfândega onde será importado o bem estrangeiro. A concessão do regime dependerá ainda da autorização prévia de outros órgãos, quando se tratar de bens cuja importação esteja sujeita a tal requisito, podendo estar condicionada à obtenção de licença de importação.

No ato da concessão, a autoridade aduaneira fixará o prazo de vigência do regime, o qual será contado do desembaraço aduaneiro. Não existe nenhum ato escrito por parte da autoridade aduaneira para conceder o regime de admissão temporária, basta o fiscal realizar o desembaraço aduaneiro da declaração de importação apropriada. Entende-se por vigência do regime o período compreendido entre a data do desembaraço aduaneiro e o termo final do prazo fixado pela autoridade aduaneira para permanência da mercadoria no país, considerado o prazo de prorrogação, quando for o caso. A aplicação do regime de admissão temporária ficará condicionada à utilização dos bens dentro do prazo fixado e exclusivamente para os fins previstos.

Existem duas maneiras ou finalidades básicas para realizar a importação em admissão temporária. São elas:

- importação para finalidade econômica — representa a importação temporária do bem estrangeiro que irá produzir bens ou será aplicado na prestação de serviço em atividades consideradas econômicas;
- importação para finalidades não econômicas — é muito usual para finalidades do ingresso temporário no território nacional de bens estrangeiros destinados a práticas esportivas, culturais, artísticas, feiras comerciais, entre outras formas de entretenimento, bens estrangeiros destinados a utilização em alguns serviços específicos ou mesmo os bens que se prestarem como embalagem de produtos a serem exportados em transportes internacionais etc.

Admissão temporária para utilização econômica

Os bens admitidos temporariamente no país para utilização econômica, ou seja, utilizados na prestação de serviços a terceiros ou na produção de outros bens a serem vendidos, estão sujeitos ao pagamento dos tributos federais incidentes na importação proporcionalmente ao seu tempo de permanência no território aduaneiro. O cálculo da proporcionalidade deverá ser feito aplicando-se 1% por mês de permanência do bem, conforme prazo do contrato de aluguel, serviço, arrendamento operacional, empréstimo ou comodato, sobre o montante dos tributos originalmente devidos, limitados a 100 meses, e no mínimo de seis meses. O crédito tributário correspondente à parcela dos tributos com suspensão do pagamento deverá ser constituído em termo de responsabilidade. O quadro 2 apresenta o cálculo pelo aluguel de um bem no prazo de seis meses.

Quadro 2

CÁLCULO DOS TRIBUTOS PROPORCIONAIS — ATIVIDADE ECONÔMICA (EM R$)

Tributos federais	Valor dos tributos devidos	Pagamento proporcional (6%)	Tributos suspensos (TR na DI)
Imposto de importação	14.000,00	840,00	13.160,00
IPI	8.000,00	480,00	7.520,00
PIS/Pasep-importação	1.650,00	99,00	1.551,00
Cofins-importação	7.600,00	456,00	7.144,00
Total	31.250,00	1.875,00	29.375,00

Pelo quadro 2 verificamos que, em uma importação comum, seria desembolsado o montante total de R$ 31.250,00, mas como foi utilizado o regime especial de admissão temporária na modalidade econômica seria pago proporcionalmente o montante de R$ 1.875,00. A diferença entre o valor total de tributos devidos na importação em regime comum e o valor a ser desembolsado com a utilização do regime de admissão temporária é o montante de R$ 29.375,00, que será discriminado no termo de responsabilidade firmado na declaração de importação. E como o valor suspenso não supera R$ 100 mil, não haverá a apresentação de garantia, como veremos a seguir.

Nesta situação, temos à disposição do importador o ingresso de um bem estrangeiro que irá agregar algum tipo de resultado econômico, que gerará um fluxo de caixa positivo e, certamente, promoverá o desenvolvimento de seus negócios. Nesse caso, tem-se a utilização do bem estrangeiro em favor do importador e, posteriormente, a devolução ao exterior daquele bem ao exportador. A única condição básica legal é que o Estado irá cobrar somente parte dos tributos a que teria direito se houvesse a importação definitiva do bem estrangeiro.

Admissão temporária para utilização não econômica

Existem diversas situações ou finalidades em que os bens estrangeiros serão utilizados no Brasil, de forma temporária, com a suspensão total do pagamento de tributos federais incidentes na importação, ao contrário do que vimos anteriormente.

A lei define que deverá haver tributação, na forma proporcional, quando os bens forem importados temporariamente para destinação econômica. Sendo assim, quando não ocorrer a tributação, teremos, segundo o entendimento da legislação aduaneira, as importações temporárias sem interesse ou destinação econômica.

A seguir vamos descrever algumas finalidades ou destinações em que os bens estrangeiros serão importados em caráter temporário, conforme determinado pela legislação de regência, com suspensão total do pagamento dos tributos:

- eventos científicos, técnicos, políticos, educacionais, religiosos, artísticos, culturais, comerciais ou industriais;
- manutenção, conserto ou reparo de bens estrangeiros, inclusive de partes e peças destinadas à reposição;
- prestação de serviços de manutenção e reparo de bens estrangeiros, contratada com empresa sediada no exterior;

- reposição temporária de bens importados, em virtude de garantia;
- homologação, ensaios, testes de funcionamento ou resistência, ou ainda a serem utilizados no desenvolvimento de produtos ou protótipos;
- reprodução de fonogramas e de obras audiovisuais, importados sob a forma de matrizes;
- assistência e salvamento em situações de calamidade ou de acidentes que causem dano ou ameaça de dano à coletividade ou ao meio ambiente;
- produção de obra audiovisual ou cobertura jornalística;
- atividades relacionadas com a intercomparação de padrões metrológicos, aprovadas pelo Instituto Nacional de Metrologia, Qualidade e Tecnologia (Inmetro);
- realização de atividades de pesquisa e investigação científica, na plataforma continental e em águas sob jurisdição brasileira, autorizadas pela Marinha do Brasil, nos termos do Decreto nº 96.000, de 2 de agosto de 1988;
- promoção comercial, inclusive amostras sem destinação comercial e mostruários de representantes comerciais;
- pastoreio, adestramento, cobertura e cuidados da medicina veterinária.

A regra aqui citada ainda abrange outros bens ou produtos manufaturados e acabados, autorizados, em cada caso, pelo responsável pela concessão do regime, de acordo com os procedimentos estabelecidos em ato administrativo específico da Coordenação-Geral de Administração Aduaneira (Coana).

Além dos casos de suspensão total do pagamento de tributos incidentes nas importações sob o regime, será aplicado o mesmo benefício, com procedimento diferenciado, para bens ou materiais:

- destinados a competições e exibições desportivas internacionais;
- para emprego militar;
- relacionados a visitas de dignitários estrangeiros;
- relacionados a atividades de lançamento de satélites;
- destinados à manutenção e reparos na Central Nuclear Almirante Álvaro Alberto (CNAA);
- para atividades de caráter humanitário;
- ao amparo da Convenção de Istambul;
- de caráter cultural/Mercosul;
- de caráter cultural/demais países;
- para pesquisa científica;
- integrantes de bagagem.

Também serão adotados procedimentos diferenciados na aplicação dos regimes de admissão temporária para:

- veículos;
- embarcações;
- aeronaves;
- unidades de carga e embalagens.

Cada situação acima receberá um tratamento próprio, que pode ser a concessão do regime por meio de declaração simplificada de importação ou admissão automática no território aduaneiro, em locais diferenciados; e tratamentos mais simples em cada caso. Aqui reside algum tipo próprio de tratamento por parte da fiscalização aduaneira, que permite que o processo seja mais célere e obedeça a convenções ou procedimentos internacionais, dos quais o Brasil seja signatário.

Garantia

Ressalvados os casos de expressa dispensa, estabelecidos pela RFB, será exigida garantia, na espécie real ou pessoal, das obrigações fiscais constituídas no termo de responsabilidade. Logo, a garantia é instituto complementar ao termo de responsabilidade.

A garantia será apresentada pelo beneficiário do regime aduaneiro de admissão temporária e, quando for exigida, será numa das formas de depósito em dinheiro, ou fiança idônea, ou seguro aduaneiro em favor da União. A escolha de uma das modalidades de garantia se dará segundo o critério do beneficiário, devendo corresponder ao montante dos tributos suspensos em razão da aplicação do regime.

Haverá a dispensa da garantia quando:

- o montante dos impostos suspensos for inferior a R$ 100.000,00 (cem mil reais);
- a importação estiver relacionada a órgão ou entidade da administração pública direta, autárquica ou fundacional da União, dos estados, do Distrito Federal ou dos municípios;
- os títulos de admissão temporária contiverem garantia internacional, segundo a previsão da Convenção de Istambul, aprovada pelo Decreto nº 7.545/2011;
- houver importação de bens destinados à atividade não econômica ou admissão automática.
- A garantia será cobrada ou haverá a conversão do depósito em renda a favor da União, por parte da autoridade aduaneira, quando houver a execução do termo de responsabilidade.

Quando os bens admitidos no regime forem danificados em virtude de sinistro, o valor da garantia será, a pedido do interessado, reduzido proporcionalmente ao montante do prejuízo, sendo necessária a apresentação de laudo pericial do órgão oficial competente, do qual deverão constar as causas e os efeitos do sinistro. Não caberá a redução quando ficar provado que o sinistro ocorreu por culpa ou dolo do beneficiário ou devido a utilização em finalidade diferente daquela que tenha justificado a concessão do regime.

Prazo

Quando ocorrer a importação temporária com finalidade econômica, o regime será concedido pelo prazo previsto no contrato de arrendamento operacional — de aluguel, serviço, empréstimo ou comodato —, prorrogável na mesma medida deste. O prazo de prorrogação será o mesmo que consta do contrato que suporta a operação de importação temporária.

Quando a importação sob o regime ocorrer para finalidade não econômica, o prazo, em regra, será de seis meses, prorrogáveis automaticamente por mais seis.

Extinção do regime

Na vigência do regime, deverá ser adotada, com relação aos bens admitidos, uma das seguintes providências para sua extinção e, por consequência, para liberação da garantia e baixa do termo de responsabilidade:

- ❑ reexportação, que poderá ser efetuada inclusive parceladamente;
- ❑ entrega à RFB, livres de quaisquer despesas, desde que a autoridade aduaneira concorde em recebê-los;
- ❑ destruição, a expensas do interessado;
- ❑ transferência para outro regime especial;
- ❑ despacho para consumo, se nacionalizados, desde que tenha sido solicitada, antes da extinção do próprio prazo do regime, ao Departamento de Comércio Exterior, a licença de importação, sendo que não serão permitidos quando a licença de

importação para os bens admitidos no regime estiver vedada ou suspensa;

- antes do término de prazo de 100 meses, limite para permanência do bem em admissão temporária com finalidade econômica, poderá o beneficiário solicitar a concessão de nova admissão temporária sem necessidade de sua saída física do território nacional.

Além disso, no caso de extinção da aplicação do regime àqueles bens admitidos para finalidade econômica mediante despacho para consumo, os tributos deverão ser recolhidos, deduzido o montante já pago.

Em todas as formas de extinção do regime de admissão temporária, deverá ser providenciada, antes do término do prazo concedido, por exemplo, a apresentação do bem à unidade aduaneira, para reexportação até o último dia do regime.

Se ocorrer a promoção da extinção com data superior ao prazo concedido, será necessário pagamento de multa de natureza meramente administrativa, no percentual de 10% sobre o valor aduaneiro declarado na importação, ou seja, sobre a soma do valor do bem mais o frete e seguro aplicados na entrada do regime, para ser autorizada, por parte da autoridade aduaneira, a extinção do regime de admissão temporária.

O próximo regime temporário serve para fomentar a exportação brasileira de serviços industriais.

Admissão temporária para aperfeiçoamento ativo

Além da admissão temporária, a legislação aduaneira criou uma variação dessa espécie de regime, que permite a importação de bem ou, mais corretamente, mercadoria estrangeira, que sofrerá a ação da indústria nacional, sofrendo ou não modificação, com sua devolução ao exterior (reexportação), por prazo determinado, com a identificação na importação, sem cobertura cambial.

Objetivo

A utilização desse regime permitirá a suspensão total do pagamento dos tributos federais incidentes na importação quando os bens forem destinados a seu próprio beneficiamento, montagem, renovação, recondicionamento, acondicionamento ou reacondicionamento. Segundo Regulamento do Imposto sobre Produtos Industrializados, previsto no art. 4º do Decreto nº 7.212/2010, considera-se:

- beneficiamento: a operação "que importe em modificar, aperfeiçoar ou, de qualquer forma, alterar o funcionamento, a utilização, o acabamento ou a aparência do bem";
- montagem: a operação "que consista na reunião de produtos, peças ou partes e de que resulte um novo produto ou unidade autônoma, ainda que sob a mesma classificação fiscal";
- renovação ou recondicionamento: a operação "que, exercida sobre produto usado ou parte remanescente de produto deteriorado ou inutilizado, renove ou restaure o produto para utilização";
- acondicionamento ou reacondicionamento: a operação "que altere a apresentação do produto pela colocação de embalagem, ainda que em substituição da original, salvo quando destinada apenas ao transporte".

O objetivo desse regime é permitir que o estrangeiro contrate nossas empresas para prestarem os serviços industriais acima, quando os bens ou mercadorias são importados, temporariamente, para sofrerem o processo industrial próprio e posterior devolução ao exterior, por meio da reexportação, com o faturamento do serviço prestado.

Condições

Para utilizar o regime, será necessário que o importador e beneficiário atenda às seguintes condições:

- a existência de contrato de prestação de serviços;
- a apresentação, pelo interessado, da descrição detalhada do processo industrial a ser realizado no país, bem como da quantificação e qualificação do produto resultante da industrialização.

Extinção

As formas para extinção desse regime seguem exatamente as regras adotadas pelo seu regime matriz, o regime especial de admissão temporária, conforme abordado no tópico anterior.

A seguir teremos um regime especial de uso muito específico, que permite a importação temporária de petróleo e seus derivados, com suspensão do pagamento de tributos, para atender ao abastecimento desse mercado internamente.

Repex

O regime aduaneiro especial de importação de petróleo bruto e seus derivados (Repex) é o que permite a importação desses produtos, com suspensão do pagamento dos tributos federais para posterior exportação, no mesmo estado em que foram importados. O objetivo desse regime é facilitar a importação, por parte das empresas que produzem combustíveis no Brasil, de produtos derivados do petróleo, quando ocorrer a baixa produção nacional que possa comprometer o abastecimento interno.

Operacionalização do regime

Para usufruir deste regime a empresa tem que possuir autorização da Agência Nacional do Petróleo, Gás Natural e Biocombustíveis (ANP) para exercer as atividades de importação e de exportação de produtos petrolíferos e depende de prévia habilitação pela Secretaria da Receita Federal do Brasil.

As mercadorias que podem ser importadas no regime são aquelas destinadas a manter o equilíbrio no fornecimento do mercado interno, tais como: óleos brutos de petróleo, gasolina automotiva, querosene de aviação, gasóleo (óleo diesel), *fuel oil* (óleo combustível), entre outros óleos combustíveis, gás liquefeito de petróleo (GLP).

O prazo de vigência do regime será de 90 dias, prorrogável uma única vez, por igual período, tendo como termo inicial a data do desembaraço aduaneiro de admissão das mercadorias no território aduaneiro.

Será permitido o abastecimento interno com o produto importado admitido no Repex, no prazo de vigência do regime, desde que cumprido o compromisso de exportação, mediante a exportação de produto nacional em substituição àquele importado em igual quantidade e idêntica classificação fiscal e cujas características sejam equivalentes àquelas do produto importado correspondente, conforme especificações estabelecidas pela ANP.

Extinção do regime

Durante a vigência do regime, dever-se-á promover a exportação do produto importado ou a exportação de produto nacional em substituição ao importado, em igual quantidade e idêntica classificação fiscal, conforme os produtos permitidos.

É preciso atentar para o fato de que a exportação dos produtos admitidos no regime efetua-se exclusivamente em moeda de livre conversibilidade. Serão exigidos os tributos suspensos, com os acréscimos legais e penalidades cabíveis quando ocorrer o descumprimento do prazo de vigência estabelecido, devendo ser considerada, na determinação da exigência, a data de registro da declaração de admissão das mercadorias no regime.

Controle do regime

O controle aduaneiro da entrada e da saída do país de produto admitido no regime será efetuado mediante processo informatizado.

O regime seguinte representa uma das importantes ferramentas econômicas para importação e exportação de bens com alta tecnologia, com suspensão de pagamento de tributos destinados à exploração e produção de petróleo e gás no território brasileiro.

Repetro

O regime especial de importação e exportação de bens destinados à pesquisa e lavra de petróleo e gás (Repetro) em áreas concedidas pela ANP às empresas brasileiras destina-se a incentivar o ingresso no Brasil de ativos estrangeiros com suspensão de tributos, bem como estimular a indústria nacional a fornecer bens (máquinas, equipamentos, plataformas etc.), por intermédio do processo de exportação, e participar desse mercado de investimentos bilionários. O Repetro foi criado em 1999, composto dos tratamentos aduaneiros: importação com suspensão do pagamento de tributos pela utilização do regime especial *drawback* modalidade suspensão para a indústria nacional exportadora; exportação com saída ficta destinada à mesma indústria brasileira; e admissão temporária de bens ou ativos aplicados na exploração, avaliação, desenvolvimento e produção petrolífera, atendendo à necessidade do mercado nacional e estrangeiro.

O Repetro somente admite a importação temporária daqueles bens que são listados por ato administrativo da RFB, conforme demonstra o quadro 3.

Quadro 3

LISTA DE BENS ADMISSÍVEIS AO REPETRO

Embarcações destinadas às atividades de pesquisa e produção das jazidas de petróleo ou gás natural e as destinadas ao apoio e estocagem nas referidas atividades.
Máquinas, aparelhos, instrumentos, ferramentas e equipamentos destinados às atividades de pesquisa e produção das jazidas de petróleo ou gás natural.
Plataformas de perfuração e produção de petróleo ou gás natural, bem como as destinadas ao apoio nas referidas atividades.
Veículos montados com máquinas, aparelhos, instrumentos, ferramentas e equipamentos destinados às atividades de pesquisa e produção das jazidas de petróleo ou gás natural.
Estruturas especialmente concebidas para suportar plataformas.

Fonte: IN RFB nº 1.415/2013, anexo I.

A lista do quadro 3 é também denominada bens principais utilizados nas atividades de pesquisa e lavra de petróleo e gás, exclusivamente nos locais indicados nos contratos de concessão, autorização, cessão ou partilha de produção.

Tal benefício é estendido às máquinas e aos equipamentos sobressalentes, às ferramentas, aos aparelhos e outras partes e peças, conhecidos como bens acessórios – tais como linha flexível, tubo (*riser*) de produção e perfuração, amarra, corrente e cabo de poliéster para ancoragem de unidade flutuante e umbilical eletro-hidráulico – aos bens da lista do quadro 3, e que se destinam inclusive a proteção do meio ambiente, salvamento, prevenção de acidentes e combate a incêndios, desde que utilizados para garantir a operacionalidade dos bens admitidos no Repetro ou necessários ao cumprimento de outras exigências normativas para as atividades de exploração ou produção de petróleo e gás.

A pesquisa ou exploração é o "conjunto de operações ou atividades destinadas a avaliar áreas, objetivando a descoberta e a identificação de jazidas de petróleo ou gás natural". A lavra ou produção significa o "conjunto de operações coordenadas de extração de petróleo ou gás natural de uma jazida e de preparo para sua movimentação".

Para entendermos melhor o alcance do regime especial, devemos saber que preparo para movimentação representa a fase na qual haverá o início de fase subsequente, que será o transporte do produto obtido com a produção — o petróleo ou gás — para aqueles locais onde teremos nova fase, por exemplo, o refino. Logo, todos os processos circunscritos à fase de exploração e produção em princípio estão abrangidos pelo Repetro, que poderá ser desenvolvido em áreas de mar ou terra.

É necessário conhecer e compreender o processo completo das duas fases, pois somente com tal informação as autoridades aduaneiras irão conceder o Repetro, por meio do tratamento de admissão temporária, por ocasião da importação daqueles bens estrangeiros.

Vedações ao uso do Repetro

Exclui-se da aplicação do Repetro o bem estrangeiro ou desnacionalizado, ainda que esteja listado no quadro 3:

- cuja função principal seja transporte de petróleo e gás ou hidrocarbonetos fluidos, salvo as operações ocorridas pela transferência dos poços produtores integrantes das áreas de concessão, autorização, cessão ou partilha de produção até as instalações de processamento e tratamento de petróleo e gás natural autorizadas pela ANP;
- cuja função principal seja transporte de pessoas;
- de uso pessoal;
- objeto de contrato de arrendamento mercantil, conforme legislação do Banco Central do Brasil;
- cujo valor unitário seja inferior a US$ 25 mil para máquinas, aparelhos, instrumentos, ferramentas e equipamentos, à exceção de linha flexível, tubo (*riser*) de produção e perfuração, amarra, corrente e cabo de poliéster para ancoragem de unidade flutuante e umbilical eletro-hidráulico.

Exportação com saída ficta de bens destinados ao Repetro

A indústria nacional poderá fabricar todos aqueles itens relacionados no quadro 3 (bens principais), assim como os bens considerados acessórios, e vendê-los por meio de processo de exportação, com saída ficta do território nacional. Os bens serão vendidos a pessoa sediada no exterior e adquiridos diretamente do fabricante, em moeda estrangeira de livre conversibilidade, mediante cláusula de entrega, sob controle aduaneiro, no território brasileiro ou adquirido por empresa comercial exportadora, de que trata o DL nº 1.248/1972.

Condições da operação da exportação com saída ficta

- origem dos produtos: devem ser produzidos por fabricante nacional e industrializados no país;

- destino dos produtos: devem ser destinados a empresa sediada no exterior ou a empresa comercial exportadora;
- entrega efetiva: a tradição ou a entrega do bem — transferência por alienação pelo contrato de exportação (compra e venda) — ocorrerá no território nacional, pelo fabricante nacional e/ou empresa comercial exportadora sob controle aduaneiro, às seguintes pessoas:
  - ao comprador nacional (no caso de empresa comercial exportadora comprando de fabricante nacional);
  - ao comprador estrangeiro (no caso de compra efetuada ao fabricante nacional ou a empresa comercial exportadora);
  - à ordem do mesmo comprador, a pessoa jurídica nacional habilitada previamente no Repetro, segundo a legislação da RFB, e que tenha firmado contrato comercial na área petrolífera, para execução de atividades contratadas de pesquisa e lavra de petróleo ou gás natural inerentes a contrato de aluguel, ou arrendamento operacional ou empréstimo;
- câmbio: moeda a ser transacionada será de livre conversibilidade ou real (R$);
- transferência de regime: a exportação é vinculada à utilização compulsória do regime especial de admissão temporária.

Formas de despacho da exportação com saída ficta

O despacho para exportação ficta é efetuado por meio do Siscomex, com base em Declaração de Exportação pelo respectivo fabricante, atendendo ao seguinte:

- a exportação será considerada efetivada, para todos os efeitos fiscais e cambiais, na data do correspondente desembaraço aduaneiro, dispensado o seu embarque com destino ao exterior;

- o desembaraço aduaneiro somente será efetuado após a verificação do atendimento das exigências estabelecidas para a permanência dos bens no país, sob o regime de admissão temporária;
- os despachos aduaneiros de exportação e admissão temporária deverão ser processados, respectivamente, na mesma unidade da RFB, de maneira conjugada e sequencial.

Benefícios com as operações com exportação com saída ficta

- as exportações com saída ficta serão aceitas para fins de comprovação do adimplemento das obrigações decorrentes da aplicação do regime de *drawback*, modalidade de suspensão do pagamento dos tributos incidentes, na importação de matérias-primas, de produtos semielaborados e de partes e peças utilizadas na fabricação dos bens (principais ou acessórios) do Repetro;
- aplica-se também no caso de obrigações decorrentes da suspensão do imposto sobre produto industrializado, relativo a matérias-primas, partes e peças nacionais utilizadas na fabricação do produto exportado, nos termos da legislação específica;
- os benefícios fiscais concedidos por lei às exportações ficam assegurados ao fabricante nacional, após a conclusão:
  - da operação de compra dos produtos de sua fabricação, pela empresa comercial exportadora, na forma do DL nº 1.248/1972;
  - do despacho aduaneiro de exportação, no caso de venda direta a pessoa sediada no exterior;

- no caso da operação de compra por empresa comercial exportadora, a sua responsabilidade tributária só se resolverá quando ocorrer o término do despacho aduaneiro de exportação, nos termos e condições do art. 5º do DL nº 1.248/1972.

Drawback modalidade suspensão

O regime especial do *drawback*, na modalidade suspensão, permite a importação de insumos industriais, que serão utilizados na fabricação daqueles bens listados no quadro 3 (bens principais) ou seus bens acessórios, para serem exportados por meio do tratamento aduaneiro da exportação com saída ficta.

A declaração de importação específica do regime especial *drawback* modalidade suspensão, registrada no Siscomex, ocorrerá com suspensão do pagamento de todos os tributos incidentes na importação.

Entretanto, antes de registrar a declaração de importação no regime *drawback*, a empresa industrial, assim como a exportadora, deverá obter uma concessão do regime, a ser solicitada junto ao Departamento de Comércio Exterior (Decex), da Secex.

O prazo de concessão do regime é de um ano, podendo ser prorrogado por, no máximo, até cinco, para ser efetivada a exportação do bem fabricado com insumo estrangeiro admitido no regime.

Os insumos industriais importados são, por exemplo, matérias-primas, produtos semielaborados ou acabados e partes ou peças.

Após a fabricação do bem a ser utilizado no Repetro, a indústria exportará por meio do processo de exportação com saída ficta e, por fim, o produto já exportado e desnacionalizado irá ficar no Brasil, por meio do regime especial de admissão temporária.

Apresentaremos a seguir a aplicação do regime especial de admissão temporária no Repetro.

Regime de admissão temporária aplicado no Repetro

Quando se tratar de importação de bem listado pela RFB (bens principais) procedente do exterior com benefício da suspensão do pagamento dos tributos incidentes, limitado a sua existência até 31 de dezembro de 2020, nos termos do parágrafo único do art. 79 da Lei nº 9.430/1996, introduzido pela Medida Provisória nº 2.003-37 de 24/10/2000, que atualmente está regulado pelo Decreto nº 6.759/09.

A suspensão é também aplicável na importação dos bens acessórios à lista da RFB (máquinas e equipamentos sobressalentes das ferramentas e aparelhos e outras partes e peças).

Para os bens estrangeiros ou desnacionalizados serem importados sob os auspícios da admissão temporária no Repetro, deverá ser observado que sejam importados sem cobertura cambial, pelo contratante dos serviços ou contratante do afretamento para apoio marítimo ou logístico para pesquisa e produção de petróleo e de gás natural, ou por terceiro subcontratado.

Habilitação ao Repetro

O Repetro somente será utilizado por pessoa jurídica habilitada previamente pela RFB. Para obter a concessão do regime especial de admissão temporária com suspensão total de tributos será necessária a apresentação de Ato Declaratório Executivo (ADE), publicado no *Diário Oficial da União*, que reconhece ser a empresa devidamente habilitada. Somente com o ADE publicado poderá esta procurar uma unidade de despacho aduaneira (alfândegas) e solicitar a concessão do Repetro.

Para aplicar o Repetro, o pretenso beneficiário passará por duas etapas, a saber:

- habilitação (ou sua prorrogação) ao regime, de natureza meramente administrativa;
- concessão (ou sua prorrogação) ao Repetro, por intermédio da figura aduaneira da admissão temporária — de natureza administrativa e tributária. Ambas as naturezas formam o direito aduaneiro em sua plenitude.

Basicamente, somente três tipos de pessoas jurídicas poderão beneficiar-se da habilitação ou da sua prorrogação. São elas:

- a pessoa jurídica por meio de seu estabelecimento matriz, estendendo-se a todos os seus estabelecimentos filiais pelo prazo de duração previsto no contrato de concessão, autorização, cessão ou partilha de produção, prorrogável na mesma medida de qualquer deles, quando se tratar de operadora. Operadora, assim entendida, para efeitos da legislação de regência, a detentora de concessão, de autorização, de cessão ou a contratada sob o regime de partilha de produção, para o exercício, no país, das atividades de exploração ou pesquisa e produção ou lavra das jazidas petrolíferas ou gasíferas como, por exemplo, a empresa estatal Petrobras S.A. ou qualquer outra que tenha obtido o direito à pesquisa e lavra de petróleo e gás, segundo as regras dos editais de leilão das áreas específicas e relacionadas pela ANP;
- empresa contratada pela concessionária ou autorizada, segundo a regra anterior, para afretamento por tempo ou para a prestação de serviços destinados à execução das atividades objeto da concessão ou autorização;
- empresa subcontratada pelas empresas contratadas, conforme item anterior, para atividade relacionada a serviço ou afretamento por tempo, com objetivo de exploração ou produção petrolífera ou gasífera.

As empresas na situação, contratadas ou subcontratadas, poderão também ser habilitadas ao Repetro para promover a importação de bens objeto de contrato de afretamento, em que seja parte ou não, firmado entre pessoa jurídica sediada no exterior e a detentora de concessão ou autorização, desde que a importação dos bens esteja prevista no contrato de prestação de serviço ou de afretamento por tempo determinado.

O requerimento para habilitação ou prorrogação ao Repetro deverá ser dirigido ao titular da unidade da RFB que jurisdicione o estabelecimento matriz do interessado, instruído com os documentos determinados pela autoridade fiscal.

Em caso de indeferimento do pedido para habilitação ou prorrogação do seu prazo de vigência, caberá recurso à superintendência, no prazo de 30 dias contados da data de ciência da decisão contrária ao pleito.

Concessão ou prorrogação do Repetro

Uma vez que a empresa esteja habilitada ao Repetro, poderá promover a importação daqueles bens, conforme a lista da RFB, ou de seus bens acessórios necessários à garantia do funcionamento desses bens.

A concessão do Repetro deverá ser encaminhada à autoridade aduaneira pela qual será efetuado o despacho de importação, na forma de admissão temporária, com suspensão total do pagamento dos tributos que incidiriam em regime comum de importação, por meio de requerimento específico, denominado requerimento de admissão temporária (RAT). Esse RAT deverá ser acompanhado de documentos que comprovem a natureza da importação e posterior finalidade para a qual foram importados os bens, tudo de acordo com as determinações da RFB.

As condições básicas para ocorrer a concessão serão: que os bens pertençam à pessoa sediada no exterior, sejam importados sem cobertura cambial e procedam diretamente do exterior, tenham sido objeto de despacho aduaneiro de exportação com saída ficta ou mesmo tenham sido transferidos de outro regime aduaneiro. E caso seja importada plataforma ou embarcação de apoio, será necessário apresentar documentação da Marinha do Brasil, do Ministério da Defesa, que garanta sua autorização para permanência no mar territorial brasileiro.

O regime será concedido de acordo com o prazo do contrato que acompanhe o despacho aduaneiro, sendo que nunca será superior ao prazo da habilitação ao Repetro, bem como não será superior à data limite de 31 de dezembro de 2020.

Caso a empresa deseje prorrogar a permanência dos bens no regime de admissão temporária, deverá utilizar outro RAT, só que agora para o momento da prorrogação, que deverá ser dirigido à autoridade aduaneira que concedeu o Repetro.

Não será aceito pedido de prorrogação apresentado após o término do prazo fixado para a permanência dos bens no país. Se ocorrer tal fato intempestivo, deverá a empresa pagar uma multa de 10% sobre o valor aduaneiro declarado e dar início a novo pedido de concessão do bem já admitido, sem necessidade de sua reexportação.

Extinção

O Repetro, o qual tem um bem admitido temporariamente, extingue-se com a adoção de uma das seguintes providências, que deve ser requerida pelo beneficiário, dentro do prazo fixado para a permanência no Brasil:

- reexportação do bem importado ao manto do Repetro, inclusive no caso de bem que tenha sido exportado com saída ficta;

- entrega à Fazenda Nacional dos bens admitidos no regime, livres de quaisquer despesas, desde que a autoridade aduaneira concorde em recebê-los;
- destruição do bem admitido no regime a expensas do interessado;
- transferência para outro regime especial;
- despacho para consumo;
- admissão em novo Repetro, sem necessidade de saída do território nacional, em situação própria deste regime.

A seguir abordaremos outro regime especial de muita utilização, aplicável em viagens ao exterior ou em exportação de bens destinados à prestação de serviços.

Exportação temporária

O regime aduaneiro especial de exportação temporária é o que permite a saída do país, com suspensão do pagamento do imposto de exportação, de mercadoria nacional ou nacionalizada, condicionada à reimportação em prazo determinado, no mesmo estado em que foi exportada.

O regime objetiva facilitar a saída dos bens que vão ao exterior para exposições, feiras, testes, promoções, ou em auxílio ou apoio à pessoa que viaja ao exterior, deles necessitando para o exercício de suas atividades profissionais ou de lazer, beneficiando o exportador/importador, pela inocorrência do fato gerador do imposto de importação e do imposto sobre produtos industrializados, quando do reingresso das mercadorias no país (reimportação).

O regime apresenta importante significado econômico, pois permite a realização de promoções no exterior, tais como exposições de mercadorias do país.

Finalidades para as quais se aplicam os bens no estrangeiro

O regime se aplica a bens destinados, inclusive semoventes, amparados por acordos internacionais, a:

- eventos científicos, técnicos, políticos, educacionais, religiosos, artísticos, culturais, comerciais ou industriais;
- promoção comercial, inclusive amostras sem destinação comercial e mostruários de representantes comerciais;
- execução de contrato de arrendamento operacional, de aluguel, de empréstimo ou de prestação de serviços, no exterior;
- prestação de assistência técnica a produtos exportados, em virtude de termos de garantia;
- assistência e salvamento em situações de calamidade ou de acidentes de que decorra dano ou ameaça de dano à coletividade ou ao meio ambiente;
- homologação, ensaios, testes de funcionamento ou resistência, ou ainda a serem utilizados no desenvolvimento de produtos ou protótipos;
- substituição de outro bem ou produto nacional, ou suas partes e peças, anteriormente exportado definitivamente, que deva retornar ao país para reparo ou substituição, em virtude de defeito técnico que exija sua devolução;
- acondicionamento e manuseio de outros bens exportados, desde que reutilizáveis;
- pastoreio, adestramento, cobertura e cuidados da medicina veterinária.

Além destas situações, existe a previsão de tratamento diferenciado para a exportação temporária de bens ou matérias:

- destinados a competições e exibições desportivas internacionais;

- para emprego militar;
- relacionados a visitas de dignitários estrangeiros;
- relacionados a atividades de lançamento de satélites;
- destinados à manutenção e reparos na Central Nuclear Almirante Álvaro Alberto (CNAA);
- para atividades de caráter humanitário;
- ao amparo da Convenção de Istambul;
- de caráter cultural/Mercosul;
- de caráter cultural/demais países;
- para pesquisa científica;
- integrantes de bagagem.

Na aplicação deste regime poderão ser adotados procedimentos diferenciados, também a veículos, embarcações, aeronaves e unidades de carga e embalagens, independentemente de qualquer procedimento de autorização da alfândega brasileira.

Em regra não é permitida a exportação temporária de mercadorias cuja exportação definitiva esteja proibida, exceto nos casos em que haja autorização do órgão competente. É também proibida a exportação temporária para bens em consignação.

Concessão

A concessão do regime será requerida, na própria declaração de despacho de exportação (DDE) ou declaração simplificada de exportação (DSE), à unidade que jurisdiciona o exportador ou àquela que jurisdiciona o porto, aeroporto ou ponto de fronteira de saída das mercadorias. O regime de exportação temporária somente será concedido pela autoridade competente após a comprovação do atendimento de eventuais controles específicos a cargo de outros órgãos.

Verificação da mercadoria

A mercadoria objeto do pedido de exportação temporária é verificada para efeito de instrução do processo, podendo esta verificação ser realizada no estabelecimento do exportador ou em qualquer outro local, a juízo da autoridade competente, para identificá-la.

Prazo de concessão

O prazo de vigência do regime será determinado no contrato de exportação entre o beneficiário e a pessoa residente ou domiciliada no exterior. A mesma regra se aplica aos contratos de arrendamento operacional, aluguel ou empréstimo, onde o regime será prorrogável na mesma medida que estes contratos tenham novos prazos de permanência dos bens no exterior. O prazo de vigência do regime poderá também ser prorrogado com base em novo contrato de prestação de serviço no exterior, desde que o pleito seja formulado dentro do referido prazo de vigência.

Caso não haja contrato, o prazo será de até seis meses, prorrogável por mais seis.

A critério do chefe da unidade local da RFB responsável pela concessão, a título excepcional e em casos devidamente justificados, o prazo do regime poderá ser prorrogado por período superior a dois anos até o limite de cinco anos. Entretanto, quando o regime for aplicado a mercadoria vinculada a contrato de prestação de serviços por prazo certo, o prazo de vigência do regime será o previsto no contrato, prorrogável na mesma medida deste. Os bens compreendidos no conceito de bagagem que, nessa qualidade, saiam do país não estão sujeitos a prazo.

Aplicação e controle

O regime é aplicado pela unidade aduaneira que jurisdiciona o porto, o aeroporto ou o ponto de fronteira de saída dos bens do país. A unidade que aplicar o regime deve manter controle adequado da saída dos bens, tendo em vista a sua reimportação e o prazo concedido.

Da extinção — reimportação e seus efeitos fiscais

Considera-se cumprido o regime na data de emissão do respectivo conhecimento de carga, no exterior, desde que efetivada a reimportação com o ingresso da mercadoria no território aduaneiro. Entende-se por reimportação a entrada no país de mercadoria que tenha sido objeto de exportação definitiva ou do regime aduaneiro especial de exportação temporária. Por isso, não ocorre o fato gerador do imposto de importação na reimportação de mercadorias exportadas temporariamente.

A inocorrência do fato gerador do imposto de importação não constitui benefício de ordem fiscal, verificando-se, sim, a hipótese de não incidência tributária. Quando do retorno da mercadoria exportada temporariamente, o importador deve informar tal fato na declaração de importação simplificada, assim como a não incidência dos tributos, com fundamento em dispositivo do Regulamento Aduaneiro, e, finalmente, indicar o número do despacho através do qual se deu a saída do bem. O exame do mérito de aplicação do regime exaure-se com a sua concessão, não cabendo mais discuti-lo quando da reimportação da mercadoria.

O próximo regime versa sobre a exportação temporária de matéria-prima ou bem nacional que será beneficiado no exterior e terá tratamento fiscal diferenciado no seu processo de reimportação.

Exportação temporária para aperfeiçoamento passivo

O regime de exportação temporária para aperfeiçoamento passivo é o que permite a saída do país de mercadoria nacional ou nacionalizada, por prazo determinado, de acordo com o tempo de contrato firmado com o estrangeiro, para ser submetida à operação de transformação, elaboração, beneficiamento ou montagem. Após sofrerem os processos industriais no exterior, haverá a reimportação daquelas mercadorias exportadas temporariamente, sob a forma do produto resultante, com pagamento dos tributos sobre o valor agregado.

Aplica-se também o regime na saída do país de mercadoria nacional ou nacionalizada para ser submetida a processo de conserto, reparo ou restauração. Aplica-se a este regime, no que couber, a norma prevista para o regime de exportação temporária.

Restrições e proibições

Não se aplica o regime à mercadoria cuja exportação definitiva seja proibida e à mercadoria importada com isenção ou com redução de tributos vinculada a sua destinação, que não poderá ser admitida no regime enquanto perdurarem as condições fixadas para fruição da isenção ou da redução.

Concessão

A concessão do regime se sujeita a algumas condições básicas, tais como: que as mercadorias sejam de propriedade de pessoa sediada no país, e que a operação atenda aos interesses da economia nacional.

O regime é concedido pela autoridade aduaneira mediante requerimento do interessado, em que devem constar diversas informações sobre a operação internacional e sobre a natureza do serviço internacional de industrialização a ser efetuado sobre a mercadoria nacional ou nacionalizada destinada ao país estrangeiro.

O requerimento do interessado, para a aplicação do regime, é apresentado à unidade da RFB, que processa o despacho aduaneiro de exportação, devendo ser instruído com os documentos relativos à operação em causa, que comprovem que os produtos a serem importados serão obtidos a partir das mercadorias em exportação temporária, tais como: tratativas comerciais, manuais técnicos, plantas, fórmulas e faturas. Pode ainda a autoridade aduaneira responsável pela concessão e desembaraço no regime solicitar coleta de amostras, ilustrações ou descrições técnicas para certificar-se de que aquela mercadoria, no seu retorno, compõe a nova ou a mesma mercadoria agora sendo importada.

Prazo

O prazo para importação dos produtos resultantes da operação de aperfeiçoamento é fixado tendo em conta o período necessário para a realização da respectiva operação e para o transporte das mercadorias. Esse prazo será aquele previsto no contrato, tendo como termo inicial a data de admissão das mercadorias no regime.

Conclusão do regime

O regime é concluído com a reimportação da mercadoria, inclusive sob a forma de produto resultante da operação autorizada, ou a exportação definitiva das mercadorias admitidas ao regime.

Tributos

O valor dos tributos devidos na importação do produto resultante da operação de aperfeiçoamento é calculado deduzindo-se, do montante dos tributos incidentes sobre este produto, o valor dos tributos que incidiriam, na mesma data, sobre a mercadoria objeto da exportação temporária, se esta estivesse sendo importada do mesmo país em que se deu a operação de aperfeiçoamento.

No caso da exportação de bens que se destinem ao processo de conserto, reparo ou restauração, são exigíveis os tributos incidentes na importação dos materiais acaso empregados. Seguindo o raciocínio lógico, não teremos tributação, evidentemente, quando da aplicação exclusiva de serviços.

O despacho aduaneiro deverá compreender a reimportação da mercadoria exportada temporariamente e a importação do material acaso empregado, apurando-se o valor aduaneiro desse material e aplicando-se a alíquota que lhe corresponda, fixada na tarifa externa comum.

Neste capítulo abordamos os regimes aduaneiros especiais que têm a sua base na permanência dos bens no Brasil ou no exterior, por um período predeterminado. No próximo, apresentaremos aqueles que são objeto de uso prioritário por parte de indústrias e prestadores de serviço.

4 Regimes aduaneiros especiais aplicados à indústria e a serviços

Esses regimes amparam operações de comércio exterior destinadas a processos de industrialização ou prestação de serviços, nos quais os bens, resultantes dessas operações realizadas com suspensão de tributos, serão exportados ou consumidos no Brasil. É do que trata o presente capítulo.

Entreposto aduaneiro

O entreposto aduaneiro é o regime especial que permite, na importação e na exportação, o depósito de mercadorias, em local determinado e alfandegado, com suspensão do pagamento de tributos e sob controle aduaneiro.

Os depósitos dessas mercadorias podem servir para as operações de comércio exterior, venda no mercado interno ou externo, bem como para processos industriais que ocorram dentro dos próprios entrepostos, com consequente exportação dos produtos fabricados, com benefícios de ordem fiscal e administrativa.

O regime tem como base operacional unidade de entreposto de uso público ou de uso privativo onde as mercadorias ficam depositadas, salvo na modalidade de entreposto extraordinário de exportação, na qual as mercadorias podem também ser embarcadas diretamente.

Dos entrepostos

Quanto aos usuários, as unidades de entreposto aduaneiro podem ser:

- de uso público, quando se destinam à utilização por terceiros e pelo permissionário, caso este seja uma *trading company* — empresa comercial exportadora constituída na forma do DL nº 1.248/1972 e autorizada pela RFB;
- de uso privativo, quando se destinam unicamente ao uso do permissionário, com operacionalização na importação e exportação. Na modalidade importação, ocorre quando efetivada para eventos de feiras, exposição, congressos, eventos desportivos internacionais em caráter precário, com concessão ao promotor do evento. Na exportação, a concessão é exclusivamente para as empresas comerciais exportadoras;
- de uso misto, se direcionado à entrepostagem de mercadoria na importação ou exportação em área portuária, destinada à movimentação de carga própria ou de terceiro.

Podem ser credenciados a operar o regime de entreposto aduaneiro, na importação e na exportação, recintos alfandegados de uso público localizados em:

- aeroporto;
- porto organizado e instalações portuárias de uso público;
- porto seco.

Concessão e permissão para explorar

O credenciamento será realizado a requerimento do administrador do recinto alfandegado, apresentado ao titular da unidade da RFB com jurisdição sobre o local.

O requerimento deverá indicar as atividades para as quais solicita autorização para armazenagem ou exposição, ou demonstração e teste de funcionamento ou industrialização.

Para realizar industrialização, será exigida área isolada para cada beneficiário, localizada no recinto alfandegado, correspondente a estabelecimento com número de inscrição específico no CNPJ, nos termos estabelecidos pela RFB.

O pleito será encaminhado à respectiva Superintendência Regional da Receita Federal do Brasil (SRRF), com parecer conclusivo quanto ao cumprimento dos requisitos estabelecidos. O credenciamento será concedido por meio de Ato Declaratório Executivo (ADE) da SRRF jurisdicionante, que especificará o recinto, a modalidade do regime, as atividades autorizadas e, na hipótese de industrialização, os produtos a serem industrializados.

O credenciamento será concedido a título precário e poderá ser cancelado a qualquer tempo, inclusive em razão de requisição fundamentada de autoridade competente em matéria de segurança ou meio ambiente.

Aplicação do regime de entreposto aduaneiro

O regime especial de entreposto serve para manter, nos armazéns alfandegados, aquelas mercadorias estrangeiras ou nacionais destinadas à exportação sob depósito, aguardando o momento de sua internação, por prazos de até um ano.

Também é possível manter no estoque de empresas estabelecidas em áreas alfandegadas as matérias-primas importadas ou adquiridas no mercado nacional ou internacional, com benefício da suspensão do pagamento de tributos, para serem processadas ou para prestação de serviços, que serão destinados à exportação. A legislação define cada tipo de mercadoria e correspondente local alfandegado para o serviço, indústria ou armazenagem, conforme demonstramos a seguir.

Bens admitidos

A admissão no regime será autorizada, para a armazenagem dos bens a seguir indicados, em:

- aeroporto:
    - partes, peças e outros materiais de reposição, manutenção ou reparo de aeronaves, e de equipamentos e instrumentos de uso aeronáutico;
    - provisões de bordo de aeronaves utilizadas no transporte comercial internacional;
    - quaisquer outros importados e consignados à pessoa jurídica estabelecida no país, ou destinados à exportação, que atendam às condições para admissão no regime;
- portos organizados, incluídas as instalações portuárias de uso público:
    - partes, peças e outros materiais de reposição, manutenção ou reparo de embarcações, e de equipamentos e instrumentos de uso náutico;
    - provisões de bordo de embarcações utilizadas no transporte comercial internacional;
    - bens destinados à manutenção, substituição ou reparo de cabos submarinos de comunicação;
    - quaisquer outros importados e consignados à pessoa jurídica estabelecida no país, ou destinados à exportação, que atendam às condições para admissão no regime;

- porto seco:
  - partes, peças e outros materiais de reposição, manutenção ou reparo de aeronaves e embarcações;
  - partes, peças e outros materiais de reposição, manutenção ou reparo de outros veículos, bem como de máquinas, equipamentos, aparelhos e instrumentos;
  - quaisquer outros importados e consignados à pessoa física ou jurídica, domiciliada ou estabelecida no país, ou destinados à exportação, que atendam às condições para admissão no regime.

Atividades admitidas

As mercadorias armazenadas em recinto alfandegado de uso público, sob o regime de entreposto aduaneiro, na importação ou na exportação, além dos serviços comuns à armazenagem, poderão ser objeto de atividades de etiquetagem e marcação, para: atender a exigências do comprador estrangeiro; exposição, demonstração e teste de funcionamento, bem como para operações de industrialização, como, por exemplo, acondicionamento ou reacondicionamento, montagem, beneficiamento, renovação ou recondicionamento das partes, peças e outros materiais para área marítima ou aeronáutica; transformação, no caso de preparo de alimentos para consumo a bordo de aeronaves e embarcações utilizadas no transporte comercial internacional ou destinados à exportação. A transformação inclui também esmagamento de grãos de cereais e sementes para produção de óleo, farelo ou outros subprodutos destinados à exportação.

Entreposto aduaneiro na importação

O entreposto aduaneiro na importação é a forma mais usada entre os modelos existentes neste regime especial.

Admissão

A admissão de mercadoria no regime far-se-á mediante despacho que deverá:

- ter por base declaração de importação — admissão em entreposto aduaneiro, no Siscomex;
- ser instruído com a via original do conhecimento de transporte;
- apresentar a fatura comercial pró-forma, emitida pelo consignante.

Poderá ocorrer admissão automática quando o bem for destinado:

- a partes, peças e outros materiais de reposição, manutenção ou reparo de embarcações e aeronaves, bem como de equipamentos e seus componentes de uso náutico ou aeronáutico;
- à substituição ou reparo de cabos submarinos de comunicação;
- a provisões de bordo de aeronaves e embarcações.

É condição, para a admissão e permanência no regime, que a mercadoria seja importada sem cobertura cambial. Poder-se-á admitir mercadoria importada com cobertura cambial, desde que destinada à exportação.

Nas operações de industrialização, previstas acima, poderão ser empregadas mercadorias estrangeiras, objeto de diferentes declarações de admissão no regime, além daquelas nacionais ou nacionalizadas submetidas ao regime de entreposto aduaneiro na exportação. As mercadorias nacionais ou nacionalizadas deverão ser fornecidas por estabelecimento da empresa beneficiária do regime.

Prazo de permanência

A mercadoria poderá permanecer no regime de entreposto aduaneiro na importação pelo prazo de um ano, contado da data do desembaraço aduaneiro de admissão.

O prazo de permanência no regime de mercadoria armazenada em recinto alfandegado de uso público poderá ser sucessivamente prorrogado em situações especiais, mediante solicitação justificada do beneficiário, dirigida ao titular da unidade da RFB jurisdicionante, respeitado o limite máximo de três anos.

Despacho aduaneiro

Dentro do prazo de vigência do regime, deve o beneficiário do regime com relação à mercadoria importada entrepostada, apenas para armazenamento, começar o despacho aduaneiro para:

- consumo;
- exportação, no caso de operação com cobertura cambial;
- reexportação;
- admissão em outro regime aduaneiro especial.

As mercadorias importadas submetidas às operações de industrialização, aqui mencionadas, estarão sujeitas a despacho aduaneiro de:

- importação para consumo;
- exportação.

Entreposto aduaneiro na exportação

O regime de entreposto aduaneiro na exportação compreende as modalidades de regime comum e regime extraordinário. Observe, a seguir, o que significam:

- regime comum: é beneficiário desta modalidade aquele que, observadas as normas pertinentes, depositar mercadorias destinadas ao mercado externo, depósito alfandegado público;
- regime extraordinário: nesta modalidade, somente as empresas comerciais exportadoras (*trading companies*) podem ser beneficiárias do regime e sob determinadas condições, determinadas pela RFB. A autorização será outorgada por meio de Ato Declaratório Executivo, expedido pela SRRF. O recinto indicado na autorização deverá ser utilizado exclusivamente para o depósito de mercadorias submetidas ao regime de entreposto aduaneiro na exportação, na modalidade de regime extraordinário. A autorização poderá ser concedida por tempo indeterminado quando se tratar de imóvel de propriedade da empresa beneficiária.

As mercadorias, alcançadas por esta modalidade, são aquelas adquiridas pelas *trading companies*, para o fim específico de exportação, quer sejam depositadas em entreposto aduaneiro, quer seja promovido o seu embarque direto.

Concessão do regime na exportação

A concessão do regime de entreposto aduaneiro na exportação será automática e subsistirá a partir da data:

- de entrada, no recinto alfandegado de uso público credenciado, da mercadoria destinada a exportação, acompanhada da respectiva nota fiscal, na modalidade de regime comum;
- de saída, do estabelecimento do produtor-vendedor, da mercadoria vendida à empresa comercial exportadora autorizada, que deverá comprovar a aquisição por meio de declaração firmada em via da correspondente nota fiscal, na modalidade de regime extraordinário.

Prazo de vigência do regime

A mercadoria poderá permanecer no regime de entreposto aduaneiro na exportação pelo prazo de:

a) um ano, na modalidade de regime comum;
b) 90 dias, na modalidade de regime extraordinário.

O prazo de permanência no regime de mercadoria armazenada em recinto alfandegado de uso público poderá ser sucessivamente prorrogado, em situações especiais, mediante solicitação justificada do beneficiário, dirigida ao titular da unidade da RFB jurisdicionante, respeitado o limite máximo de três anos.

Extinção

No prazo estabelecido para a permanência da mercadoria no regime de entreposto aduaneiro na exportação, o beneficiário deverá:

- dar início ao correspondente despacho aduaneiro de exportação;
- na modalidade de regime comum, reintegrar a mercadoria ao estoque do estabelecimento de origem ou recolher os impostos suspensos;
- na modalidade de regime extraordinário, recolher os impostos que deixaram de ser pagos em decorrência dos benefícios fiscais auferidos pelo produtor-vendedor, nos termos da legislação pertinente.

O despacho de exportação será realizado com base em declaração de exportação apresentada no Siscomex. O retorno ao mercado interno será autorizado pela autoridade aduaneira, com base na nota fiscal correspondente.

O próximo regime especial é um dos mais utilizados pelas indústrias para promover a exportação de produtos que sofrem processo industrial com fornecedores nacionais e estrangeiros.

Drawback

O *drawback* é o regime aduaneiro especial que consiste na importação, com restituição dos tributos pagos, suspensão ou isenção dos tributos incidentes nas importações de mercadorias para emprego ou consumo na industrialização de produtos exportados ou a exportar. Além disso, os benefícios da suspensão ou isenção do pagamento dos tributos são reconhecidos, pela legislação, também em aquisições no mercado interno por meio do *drawback* integrado.

A aplicação deste regime tem por objetivo trazer poder competitivo à indústria nacional, por meio da eliminação, do custo final dos produtos exportáveis, do ônus fiscal relativo às mercadorias ou insumos estrangeiros ou nacionais neles utilizados. A lógica é muito simples: se os custos fiscais da importação e/ou do mercado interno somam-se aos demais custos industriais, teremos, por fim, a exportação de tributos e encareceremos o preço final de exportação, que tornaria o produto nacional menos competitivo diante dos preços dos produtos dos concorrentes internacionais.

O *drawback* é um estímulo à exportação e pode ser concedido à empresa industrial ou comercial, permitindo maior ingresso de moeda estrangeira em relação àquelas saídas necessárias à compra dos insumos industriais estrangeiros.

Como se trata de um estímulo à exportação, a mercadoria importada sob o regime de *drawback* não está sujeita ao exame de similaridade e à obrigatoriedade de transporte em navio de bandeira brasileira.

Os incentivos do *drawback* abrangem o imposto de importação, imposto sobre produtos industrializados, PIS/Cofins,

imposto sobre circulação de mercadorias e serviços de transporte e de comunicação e o adicional ao frete para renovação da Marinha Mercante.

Estabelecer os prazos para a habilitação ao incentivo é atribuição do Departamento de Comércio Exterior (Decex), nas modalidades de suspensão e isenção, e da RFB, na modalidade de restituição.

Igualmente é assegurado ao Decex e à unidade fiscal competente o livre acesso, a qualquer tempo, à escrituração fiscal e aos documentos contábeis da empresa, bem como ao seu processo produtivo, a fim de possibilitar o controle da operação.

Modalidades

Existem três modalidades do regime especial *drawback*, sendo duas delas concedidas pela Secex e uma pela RFB.

No âmbito da Secex, o regime aduaneiro especial de *drawback* pode ser aplicado nas seguintes modalidades:

- *drawback* integrado suspensão — trata-se da aquisição no mercado interno (integrado) ou a importação (suspensão), de forma combinada ou não, de mercadoria para emprego ou consumo na industrialização de produto a ser exportado, com suspensão dos tributos exigíveis na importação e na aquisição no mercado interno. O efeito prático é a redução de tributos na venda interna destinada à indústria nacional para posterior exportação.
  Sendo assim, a empresa nacional fabricante e adquirente destes insumos, teoricamente, poderá arbitrar entre a compra de insumos estrangeiros com suspensão tributária na importação ou aquisição no mercado interno de tais insumos destinados ao processo fabril, com posterior exportação de produtos acabados com tais matérias-primas. Ainda poderá

optar por uma cesta composta da compra no mercado externo e interno, ambos com suspensão tributária.

O regime de *drawback* integrado suspensão aplica-se:

- à aquisição no mercado interno ou à importação de mercadorias para emprego em reparo, criação, cultivo ou atividade extrativista de produto a ser exportado;
- às aquisições no mercado interno ou importações de empresas denominadas fabricantes-intermediários, para industrialização de produto intermediário a ser diretamente fornecido a empresas industriais-exportadoras, para emprego ou consumo na industrialização de produto final a ser exportado, conhecido como submodalidade — *drawback* intermediário.

Exemplo de uma operação de importação de insumo estrangeiro com industrialização total e sua posterior exportação: ao importar 500 kg de polipropileno para fabricação de 50 mil sacos plásticos, que, de antemão, a empresa sabe que serão exportados, requer o importador a suspensão dos tributos devidos, mediante garantia que se extinguirá com a comprovação da efetiva exportação;

- *drawback* integrado isenção — a aquisição no mercado interno ou a importação, de forma combinada ou não, de mercadoria equivalente à empregada ou consumida na industrialização de produto exportado, com isenção do imposto de importação, e com redução a zero do IPI, da Contribuição para o PIS/Pasep, da Cofins, da Contribuição para o PIS/Pasep-importação e da Cofins-importação.

  O regime de *drawback* integrado isenção aplica-se também à aquisição no mercado interno ou à importação de mercadoria equivalente à empregada:

  - em reparo, criação, cultivo ou atividade extrativista de produto já exportado;

- na industrialização de produto intermediário fornecido diretamente à empresa industrial-exportadora e empregado ou consumido na industrialização de produto final já exportado.

O beneficiário do *drawback* integrado isenção poderá optar pela importação ou pela aquisição, no mercado interno, da mercadoria equivalente, de forma combinada ou não, considerada a quantidade total adquirida ou importada com pagamento de tributos.

Exemplo de utilização da modalidade isenção: ao importar 500 kg de polipropileno para fabricação de 50 mil sacos plásticos, a empresa não cogitava a exportação dos sacos plásticos. Tendo, entretanto, encontrado melhor colocação no mercado externo, promoveu a exportação dos 50 mil sacos. Ao efetivar a referida exportação, a empresa terá direito, por meio do regime especial de *drawback* isenção, a importar outros 500 kg de polipropileno, com isenção de tributos, para a reposição do seu estoque.

Essa modalidade de isenção permitirá ao beneficiário a reposição de estoque de mercadorias em quantidade e qualidade equivalentes às utilizadas nos produtos exportados, após a sua comprovação. Tendo em vista que a reposição de estoque de mercadorias ocorre em função de produtos já exportados, as mercadorias importadas com isenção não precisam, necessariamente, ser aplicadas em produtos para exportação, podendo incorporar mercadorias destinadas ao mercado interno.

Quanto à RFB, tem, em sua competência, a modalidade do *drawback* restituição, que significa a restituição daqueles valores fiscais pagos por ocasião da importação de mercadorias, que, posteriormente, tenham sido exportadas por terem sofrido o processo fabril brasileiro e venda ao exterior.

Concessão

Quanto à modalidade *drawback* suspensão, o benefício é concedido pelo Decex, mediante ato concessório, e se dará pelo registro da Declaração de Importação no Siscomex. A critério do Decex, pode ser concedido o *drawback* suspensão, pelo prazo de até um ano, prorrogável, desde que o prazo total não ultrapasse o limite de dois anos. Nos casos de importação de mercadorias destinadas à produção de bens de capital de longo ciclo de fabricação, o prazo máximo de suspensão é de cinco anos.

O regime de *drawback* poderá ser concedido à operação que se caracterize como:

- transformação: a que, exercida sobre matéria-prima ou produto intermediário, importe na obtenção de espécie nova;
- beneficiamento: a que importe em modificar, aperfeiçoar ou, de qualquer forma, alterar o funcionamento, a utilização, o acabamento ou a aparência do produto;
- montagem: a que consista na reunião de produto, peças ou partes e de que resulte um novo produto ou unidade autônoma, ainda que sob a mesma classificação fiscal;
- renovação ou recondicionamento: a que, exercida sobre produto usado ou parte remanescente de produto deteriorado ou inutilizado, renove ou restaure o produto para utilização;
- acondicionamento ou reacondicionamento: a que importe em alterar a apresentação do produto, pela colocação de embalagem, ainda que em substituição da original, salvo quando a embalagem colocada se destine apenas ao transporte de produto.

O regime de *drawback* pode ser concedido a:

- mercadoria para beneficiamento no país e posterior exportação;

- matéria-prima, produto semielaborado ou acabado, utilizados na fabricação de mercadoria exportada (modalidade isenção) ou a exportar (modalidade suspensão);
- peça, parte, aparelho e máquina complementar de aparelho, de máquina, de veículo ou de equipamento exportado (modalidade isenção) ou a exportar (modalidade suspensão);
- mercadoria destinada à embalagem, acondicionamento ou apresentação de produto exportado (modalidade isenção) ou a exportar (modalidade suspensão), desde que, comprovadamente, agregue valor ao produto final;
- animais destinados ao abate e posterior exportação;
- matéria-prima e outros produtos que, embora não integrando o produto a exportar (modalidade suspensão) ou exportado (modalidade isenção), sejam utilizados em sua industrialização, em condições que justifiquem a concessão;
- matéria-prima e outros produtos utilizados no cultivo de produtos agrícolas ou na criação de animais a serem exportados, tais como: frutas, algodão não cordado, nem penteado, camarões, carnes, miudezas comestíveis de frango e de suínos.

O principal compromisso da modalidade suspensão é que os insumos estrangeiros importados sejam aplicados no processo fabril e posterior exportação dos seus produtos acabados, pois de forma contrária estará o beneficiário do regime inadimplindo quanto ao regime. Caso haja excedente de mercadorias produzidas ao amparo do regime em relação ao compromisso de exportação estabelecido no respectivo ato concessório, poderá ser consumido no mercado interno somente após o pagamento dos tributos suspensos dos correspondentes insumos ou produtos importados, com os acréscimos legais devidos.

Para obter o regime na modalidade integrado isenção, o pretenso beneficiário deverá solicitar a habilitação ao regime de *drawback* integrado isenção, e somente poderá ser utilizada declaração de importação (DI) e/ou nota fiscal (NF), com data de registro ou emissão, conforme o caso, não anterior a dois anos da data de apresentação do respectivo pedido de ato concessório de *drawback* integrado isenção. O pedido será efetivado por meio de dependência bancária habilitada. O prazo de validade do ato concessório de *drawback* integrado isenção, determinado pela data limite estabelecida para a realização das importações ou aquisições no mercado interno vinculadas, será de um ano, contado a partir da data de sua emissão. Poderá ser solicitada uma única prorrogação do prazo de validade de ato concessório de *drawback*, desde que devidamente justificada, respeitando-se o limite de dois anos da data de emissão do ato concessório.

Na modalidade *drawback* restituição, que está delegada à RFB, a restituição pode ser total ou parcial, e será concedida sob a forma de crédito fiscal à importação, no valor recolhido através da declaração de importação, a ser utilizado em qualquer importação posterior.

Uma vez reconhecido o direito creditório e concedido o crédito fiscal correspondente, o beneficiário preenche o formulário modelo restituição (em via única) e o entrega à repartição, que emite o certificado de crédito à importação. A habilitação a esse crédito fiscal deve ser feita no prazo máximo de 90 (noventa) dias da efetiva exportação da mercadoria, prazo que pode ser prorrogado uma única vez por igual período (90 dias).

Extinção

- Modalidade integrado suspensão — o compromisso de exportação, maior objetivo deste regime, será baixado pelo

Decex, mediante a comprovação, pelo beneficiário do regime, de uma das condições a seguir:

- exportação efetiva dos produtos previstos no ato concessório, nas quantidades, valores e prazos nele fixados;
- adoção de uma ou mais das alternativas: devolução ao exterior ou reexportação; destruição, sob controle aduaneiro, às expensas do interessado; ou destinação para consumo interno das mercadorias remanescentes, com o pagamento dos tributos com acréscimos legais;
- liquidação ou impugnação de débito eventualmente lançado contra a empresa beneficiária inadimplente.

No caso de inadimplemento do compromisso de exportar ou de renúncia ao benefício, deve ser adotada uma providência para extinção do regime. Não adotada nenhuma dessas providências, a repartição jurisdicionante do domicílio fiscal do beneficiário promoverá a cobrança dos tributos suspensos com os encargos legais devidos.

Ocorrendo o descumprimento de outras condições previstas no ato concessório, deve ser requerida a regularização junto ao órgão concedente, a critério deste;

- modalidade isenção — extingue-se o regime de *drawback* isenção, com a utilização total do direito constituído no ato concessório (importação de mercadorias relacionadas no ato), ou ainda por decurso de prazo, quando transcorrer o prazo previsto para exercer o direito reconhecido no ato concessório, sem que o mesmo tenha sido prorrogado;
- modalidade restituição — dá-se a extinção do regime de *drawback* restituição com a utilização total do certificado, ou a renúncia ao benefício, mediante opção, por escrito, do beneficiário.

O próximo regime especial a ser apresentado, Recof, permite o fomento das indústrias nacionais exportadoras, com redução de custos logísticos incidentes nas operações de comércio.

Recof

O regime aduaneiro especial de entreposto industrial sob controle informatizado (Recof) é o que permite importar, com ou sem cobertura cambial, obtendo-se o benefício da suspensão do pagamento de tributos (II, IPI, PIS/Cofins), ou adquirir, no mercado interno, mercadorias a serem submetidas a operação de industrialização de produtos destinados à exportação ou à venda no mercado interno. As mercadorias deverão destinar-se a produtos da linha de fabricação do beneficiário.

As operações de industrialização citadas limitam-se às modalidades seguintes:

- montagem de produtos relacionados em concessão do Ato Declaratório Executivo (ADE) referente à habilitação ao regime;
- transformação, beneficiamento e montagem de partes e peças utilizadas na montagem dos produtos referidos no ADE;
- acondicionamento e reacondicionamento de partes e peças a serem comercializadas no mesmo estado em que foram importadas;
- os produtos a serem submetidos a testes de *performance*, resistência ou funcionamento e utilizados no desenvolvimento de outros produtos;
- os produtos estrangeiros a serem utilizados em operações de renovação, recondicionamento, manutenção ou reparo;
- as mercadorias a serem utilizadas nas operações descritas nos itens "a" e "e";

- os produtos da indústria aeronáutica, de informática, de semicondutores e automotiva usados para desmontagem e posterior exportação ou reexportação.

Prazo e operação

O prazo de vigência do regime será de um ano, contado da data do respectivo desembaraço aduaneiro, podendo ser prorrogado uma única vez, por igual período, pelo titular da unidade da RFB com jurisdição sobre o estabelecimento importador. Entretanto, o regulamento aduaneiro prevê que, em casos justificados, o regime pode ser prorrogado por período não superior a cinco anos, observada a regulamentação da RFB.

Após o desembaraço aduaneiro para admissão no regime, a empresa responderá pela custódia e guarda das mercadorias na condição de fiel depositário.

No caso de mercadoria nacional, o ingresso no regime será efetuado por meio de nota fiscal emitida pelo fornecedor.

O desembaraço da mercadoria, objeto de declaração de admissão no regime, será feito automaticamente por meio do Siscomex.

O regime Recof permite que as mercadorias admitidas possam ser enviadas a estabelecimento de terceiros, para fins de industrialização, por encomenda de qualquer de suas etapas do processo produtivo. As mercadorias enviadas para o processo de industrialização ocorrem por conta e ordem do beneficiário do Recof e continuam sob controle fiscal, devendo ser cumpridas as obrigações acessórias, tais como a emissão de nota fiscal pela saída e retorno ao entreposto.

Apuração e recolhimento

No caso de destinação de produto importado para o mercado interno, o recolhimento dos tributos com exigibilidades suspensas, alienadas no mesmo estado ou incorporadas ao produto resultante do processo de industrialização, ou aplicadas em serviço de recondicionamento, manutenção ou reparo, deverá ser efetivado até o décimo dia útil do mês subsequente ao da destinação, mediante o registro de DI na unidade da RFB que jurisdicione o estabelecimento importador.

O IPI, com exigibilidade suspensa relativa às aquisições no mercado interno, será apurado e recolhido na forma da legislação de regência. Findo o prazo estabelecido para a vigência do regime, os tributos com exigibilidades suspensas, incidentes na importação, correspondentes ao estoque, deverão ser recolhidos com o acréscimo de juros e multa de mora, calculados a partir da data do registro da admissão das mercadorias no regime. Expirado o prazo de permanência das mercadorias no regime, e não tendo sido adotada nenhuma das providências citadas, as mercadorias ficarão sujeitas a lançamento de ofício, acréscimos moratórios e aplicação das penalidades pecuniárias previstas na legislação.

Habilitação para operar no regime

A aplicação do regime depende de prévia habilitação da empresa industrial interessada pela RFB, para fabricação de produtos relacionados no ADE respectivo e de partes e peças para os produtos das indústrias habilitadas, bem como a empresa que realize prestação de serviço industrial.

Condições para a habilitação

- Apresentar prova de regularidade fiscal perante a Fazenda Nacional, mediante a apresentação de certidão conjunta, negativa ou positiva com efeitos de negativa, com informações da situação quanto aos tributos administrados pela RFB e quanto à Dívida Ativa da União (DAU), administrada pela Procuradoria-Geral da Fazenda Nacional (PGFN).

- Em regra, possuir patrimônio líquido igual ou superior a R$ 25 milhões. Caso não tenha valor consignado no patrimônio líquido, a empresa poderá prestar garantia a favor da União (RFB) no valor equivalente à diferença do valor de seu patrimônio líquido, de acordo com seu balanço patrimonial, e aquele montante exigido. As modalidades de garantia, a critério de escolha da empresa pretensa beneficiária a habilitação ao regime Recof, podem ser: depósito em dinheiro, fiança bancária ou seguro aduaneiro.
- Dispor de sistema informatizado de controle de entrada, estoque e saída de mercadorias, de registro e apuração de créditos tributários devidos, extintos ou com pagamento suspenso, integrado aos sistemas corporativos da empresa no país.
- Possuir autorização para exercício da atividade, expedida pela autoridade aeronáutica competente, se for o caso.
- Não ter sido submetida ao regime especial de fiscalização, de que trata o art. 33 da Lei nº 9.430, de 27 de dezembro de 1996, nos últimos três anos.
- Estar habilitada ao Despacho Aduaneiro Expresso (Linha Azul), em conformidade com a regulamentação específica.

Outras condições obrigatórias para a manutenção da habilitação da empresa ao regime são mencionadas a seguir:

- exportar produtos industrializados, com a utilização de mercadorias estrangeiras admitidas no regime, no valor mínimo anual equivalente a 50% do valor total das mercadorias importadas ao amparo do regime, no mesmo período, e não inferior a US$ 10 milhões;
- aplicar, anualmente, pelo menos 80% das mercadorias estrangeiras admitidas no regime na produção dos bens que industrialize.

Habilitação conjunta de fornecedor industrial

A empresa industrial que atender aos requisitos estabelecidos para habilitação e assumir os compromissos estabelecidos para exportação poderá solicitar a co-habilitação ao regime de fornecedor industrial de partes, peças e componentes para a produção dos bens que industrialize para montagem.

No caso de industrialização de produtos da indústria automotiva, a co-habilitação poderá alcançar também os fornecedores de produtos nacionais ou produzidos no país com matérias-primas, partes e peças importadas, destinadas à linha de produção do fornecedor, não sendo exigido, do fornecedor co-habilitado, o requisito da empresa industrial.

A empresa habilitada deverá autorizar o fornecedor direto ou indireto co-habilitado a importar, no regime, mercadoria a ser exclusivamente submetida a processo de industrialização de parte, ou peça, ou componente a ser a ele fornecido para incorporação a produto relacionado.

A empresa habilitada responderá solidariamente pelas obrigações tributárias decorrentes da admissão de mercadoria no regime pelo fornecedor co-habilitado.

Extinção

Deverão ser adotadas as seguintes formas de extinção do regime pelo beneficiário:

- exportação:
  - de produto no qual a mercadoria, nacional ou estrangeira, admitida no regime tenha sido incorporada;
  - da mercadoria no estado em que foi importada;
  - da mercadoria nacional no estado em que foi admitida;
  - de produto ao qual a mercadoria estrangeira admitida no regime, sem cobertura cambial, tenha sido incorporada;

- a exportação será precedida do correspondente registro de DI para efeitos cambiais;
- reexportação da mercadoria estrangeira admitida no regime sem cobertura cambial;
- transferência de mercadoria para outro beneficiário, a qualquer título;
- despacho para consumo:
  - das mercadorias estrangeiras admitidas no regime e incorporadas a produto acabado;
  - da mercadoria no estado em que foi importada;
- destruição, a expensas do interessado e sob controle aduaneiro;
- retorno ao mercado interno de mercadoria nacional, no estado em que foi admitida no regime, ou após incorporação a produto acabado, obedecido o disposto na legislação específica.

Na hipótese dos produtos usados, o regime só poderá ser extinto mediante exportação, reexportação ou destruição.

A aplicação do regime deverá ser extinta no prazo de um ano, contado da data do respectivo desembaraço aduaneiro ou aquisição no mercado interno, podendo ser prorrogado uma única vez, por igual período, pelo titular da unidade da RFB.

Findo o prazo estabelecido para a vigência do regime, os impostos suspensos, correspondentes ao estoque, deverão ser recolhidos com o acréscimo de juros e multa de mora calculada a partir da data do registro da declaração para admissão no regime.

A seguir, será apresentado o regime de entreposto para construção de plataforma de petróleo e gás, que tem o mesmo espírito do Recof e combina-se, por fim, ao regime especial Repetro.

Podemos afirmar que este regime pode ser doutrinariamente denominado pré-Repetro.

Entreposto para construção de bens destinados ao Repetro

É o regime de entreposto aduaneiro aplicado à construção ou conversão de bens destinados à pesquisa e lavra de jazidas de petróleo e gás natural em construção ou conversão no país, contratadas por empresas sediadas no exterior.

Locais de operação e campo de aplicação do regime

O regime será aplicado à construção e/ou conversão de plataforma de petróleo e gás, seus módulos ou embarcações ou navios num dos seguintes locais:

- a própria plataforma em construção ou conversão;
- estaleiro naval;
- outras instalações industriais destinadas à construção de estruturas marítimas, plataformas de petróleo, embarcações e navios e módulos para plataformas.

Bens que se aplicam ao regime

O regime se aplica aos materiais, partes, peças e componentes a serem utilizados na construção ou conversão, com suspensão do pagamento ou da exigibilidade, conforme o caso:

- dos impostos incidentes na importação (imposto de importação e IPI vinculado à importação) e das contribuições do PIS/Cofins na importação, na hipótese de aplicação do regime de entreposto aduaneiro na importação;
- do imposto sobre produtos industrializados e das contribuições do PIS e Cofins na aquisição de mercadoria nacional pelo beneficiário para ser incorporada ao produto a ser exportado.

A legislação determina quais são os bens que serão construídos no regime, que são: unidade modular para plataforma de petróleo e gás, jaquetas, navio aliviador, navio-sonda, navio lançador de dutos, navio de pesquisa sísmica, navio lançador de cabos, navio de intervenção de poços, navio de suporte de mergulhos, navio de intervenção de poços, navio-guindaste, *pipelay support vessel* (PLSV), barco de apoio, FPSO — unidade (plataforma) flutuante de produção, armazenamento e transferência, unidade (plataforma) de perfuração, produção, pesquisa e exploração de petróleo e gás, e FSO — unidade (plataforma) flutuante de armazenamento e transferência.

É possível neste regime aplicar a figura tratamento aduaneiro especial da exportação com saída ficta para aquelas mercadorias, que serão entregues em território brasileiro a empresa habilitada ao entreposto e que foram adquiridas pela sua empresa contratante para construção ou conversão de plataformas, embarcações, navios ou módulos de plataforma.

Beneficiário do regime e responsabilidade tributária

Como beneficiário do regime, tem-se pessoa jurídica estabelecida no país, previamente habilitada pela RFB, contratada por empresa sediada no exterior, para a construção ou conversão de bem destinado à pesquisa e lavra de jazidas de petróleo e gás natural. No momento da importação, por meio da declaração de admissão de mercadoria no regime, o valor dos tributos suspensos pela aquisição destas deverá ter os correspondentes créditos tributários constituídos em termo de responsabilidade (TR), com dispensa da prestação de garantia.

Objetivos do regime

O principal objetivo do regime é permitir a entrada ou a destinação de mercadorias, importadas ou destinadas à exportação, a serem submetidas a operações de industrialização das plataformas, bem como a atividades de aferição, inspeção e testes, inclusive no caso de pré-operação.

Condições para operar o regime

A pessoa jurídica interessada deverá habilitar-se antes de querer operar o regime para construção ou conversão de bem destinado a pesquisa e lavra de jazidas de petróleo e gás natural, ou de seus módulos, e para isto deverá:

- ser contratada por empresa sediada no exterior para a construção ou conversão, no país, de bem destinado à pesquisa e lavra de jazidas de petróleo e gás natural, ou de módulos ou estruturas marítimas;
- estar em dia com suas obrigações tributárias relativas aos tributos e contribuições administrados pela RFB/MF, e, para tanto, deverá atender aos requisitos exigidos para o fornecimento de certidão negativa ou de certidão positiva, com efeitos de negativa, de débitos;
- dispor de sistema de controle informatizado de entrada, permanência e saída de mercadorias, de registro e apuração de créditos tributários devidos, extintos ou com exigibilidade suspensa, integrado aos sistemas corporativos da empresa no país, com livre e permanente acesso da RFB.

Para dar início à habilitação no regime, o estaleiro interessado deverá apresentar formulário padrão à unidade da RFB com jurisdição, para fins de fiscalização dos tributos incidentes sobre o comércio exterior, sobre o estabelecimento da empresa

que realizará a construção ou conversão, com detalhes de todo o projeto de industrialização e demais documentos que comprovem a qualidade e vínculo com o processo.

A habilitação para a empresa operar o regime será concedida em caráter precário, por meio de Ato Declaratório Executivo (ADE) do superintendente da RFB da região fiscal com jurisdição sobre a unidade de controle e fiscalização.

Admissão de mercadorias no regime

Poderá ser admitida mercadoria estrangeira com declaração de admissão específica no Siscomex ou mercadoria nacional, e sua entrada no regime terá por base a nota fiscal emitida pelo fornecedor. Todas as mercadorias importadas para o processo industrial terão os tributos de importação suspensos na área federal, bem como os produtos nacionais sairão do estabelecimento do fornecedor com suspensão da exigibilidade do IPI e da contribuição para o PIS/Pasep e da Cofins, devendo constar, no documento de saída, a expressão: "Saída com suspensão da contribuição para o PIS/Pasep e da Cofins e do IPI para estabelecimento habilitado ao entreposto aduaneiro para construção ou conversão de plataforma marítima ou seus módulos e estruturas — ADE SRRF nº XXX, de XX/XX/XXXX".

Prazo do regime

A aplicação do regime deverá ser extinta no prazo de até um ano, contado da data do respectivo desembaraço aduaneiro, podendo tal prazo ser prorrogado, mediante solicitação justificada do beneficiário, dirigida ao titular da unidade da RFB de jurisdição do entreposto, respeitado o limite máximo de três anos. Entretanto existe, pelo regulamento aduaneiro em vigor, a possibilidade de o entreposto industrial alcançar o prazo de até cinco anos, em razão do contrato industrial habilitado.

No caso de mercadorias nacionais, o prazo de suspensão da contribuição para o PIS/Pasep e da Cofins será o previsto no contrato referente à construção ou à conversão de plataforma destinada à pesquisa e lavra de jazidas de petróleo e gás natural, ou de seus módulos ou estruturas marítimas.

Extinção da aplicação

O beneficiário do regime poderá adotar uma das seguintes formas de extinção do regime:

- exportação do produto no qual a mercadoria, nacional ou estrangeira, admitida no regime, tenha sido incorporada, inclusive por meio da exportação com saída ficta prevista no Repetro, ou mesmo por meio da exportação que se utiliza do regime especial de depósito alfandegado certificado;
- reexportação da mercadoria estrangeira admitida no regime, sem cobertura cambial;
- transferência de mercadoria para outro beneficiário, a qualquer título;
- retorno ao mercado interno de mercadoria nacional, no estado em que foi admitida no regime, observada a legislação específica;
- despacho para consumo da mercadoria no estado em que foi importada;
- destruição, a expensas do interessado e sob controle aduaneiro.

Transferência de mercadoria admitida em regime de entreposto

Quando houver a aplicação de mercadoria importada para a execução de outro contrato de mesma natureza pelo beneficiário

habilitado, será necessária nova admissão no regime e não se interrompe a contagem do prazo de permanência já concedido. Este procedimento será previamente autorizado pela unidade da RFB que jurisdiciona o entreposto. Todos os movimentos e procedimentos devem ser registrados nos controles informatizados do regime relativos a cada contrato. Também se aplicam as disposições contidas na legislação específica relativamente à extinção do regime para mercadorias nacionais.

Apuração e recolhimento dos tributos

Ao término do prazo concedido para a vigência do regime os tributos com pagamentos suspensos, incidentes na importação, relacionados ao estoque, devem ser recolhidos com os acréscimos legais, juros e multa de mora, calculados a contar da data do registro da admissão das mercadorias no regime.

Passado o prazo de permanência das mercadorias no regime, e não tendo sido adotada espontaneamente nenhuma das providências da extinção do regime, serão exigidos os tributos constituídos no termo de responsabilidade, bem como os acréscimos legais e penalidades cabíveis sobre estes, na forma estabelecida na legislação específica.

Controle aduaneiro

O controle aduaneiro de acompanhamento de mercadorias, por sua movimentação em seu estoque, será efetuado no regime com base no sistema de controle informatizado, integrado aos respectivos controles corporativos e fiscais da empresa interessada. A empresa habilitada ao regime terá de seguir, também, todas as determinações contábeis previstas a qualquer empresa contribuinte do Imposto de Renda Pessoa Jurídica para retratar as suas operações.

O beneficiário deverá registrar as mercadorias admitidas no regime, bem como as admitidas em outro regime aduaneiro especial, existente no dia anterior à entrada em funcionamento do sistema de controle informatizado.

A fruição do regime de entreposto aduaneiro não prejudica a armazenagem de mercadorias também nos recintos alfandegados utilizados no regime especial de entreposto aduaneiro em processo fabril, bem como eventual processo de industrialização de partes de módulos ou da própria plataforma ao amparo do regime nesses recintos.

A seguir apresentaremos o regime aduaneiro especial de utilização privativa: Recom.

Recom

É o regime aduaneiro especial de utilização privativa. Foi criado para fomentar a indústria nacional de "montadoras", garantir a empregabilidade e incentivar a exportação de produtos e serviços.

Conceito

O Recom é o regime aduaneiro especial de importação de insumos, com suspensão do pagamento do IPI-vinculado à importação, da contribuição para o PIS/Pasep-importação e da Cofins-importação, destinados à industrialização por encomenda dos seguintes veículos com as classificações fiscais da Nomeclatura Comum do Mercosul: os tratores, exceto os carros-tratores, posição 8701; os veículos que comportam 10 ou mais passageiros, posição 8702; automóveis de passageiros e outros veículos automóveis concebidos principalmente para transporte de pessoas, exceto da posição 8702, incluindo os veículos de uso misto (Station Wagons); os automóveis de corrida, posição

8703; veículos automóveis para transporte de mercadorias, posição 8704; e veículos automóveis para usos especiais, tais como autossocorros, caminhões-guindastes, veículos de combate a incêndio etc., posição 8705.

Para poder utilizar o regime é obrigatório que:

- a importação seja realizada sem cobertura cambial;
- os insumos a serem importados sejam os chassis, as carrocerias, as peças, as partes, os componentes e os seus acessórios;
- a concessão do regime dependerá de habilitação prévia perante a RFB;
- será aplicado exclusivamente a importações realizadas por conta e ordem de pessoa jurídica encomendante domiciliada no exterior.

Benefício fiscal

Os produtos resultantes da industrialização por encomenda terão o seguinte tratamento tributário:

- quando destinados ao exterior, resolve-se a suspensão do pagamento do imposto sobre produtos industrializados, da contribuição para o PIS/Pasep-importação e da Cofins-importação incidentes na importação e na aquisição, no mercado interno, dos insumos neles empregados. Verifica-se que, neste regime, não há previsão da suspensão do pagamento do imposto de importação;
- quando destinados ao mercado interno, serão remetidos obrigatoriamente à empresa comercial atacadista, controlada, direta ou indiretamente, pela pessoa jurídica encomendante domiciliada no exterior, por conta e ordem desta, com suspensão do pagamento do imposto sobre produtos industrializados, da contribuição para o PIS/Pasep-importação e da Cofins-importação. Aqui também constata-se que não

existe benefício da suspensão do pagamento do imposto de importação.

Analisamos, neste capítulo, as diversas opções à disposição dos operadores de comércio exterior para realizar operações de transformação de bens ou prestação de serviço com suspensão de tributos, cujo objetivo principal é colocá-los na mesma condição de competitividade de seus concorrentes estrangeiros.

Assim como neste capítulo, nos capítulos 2 e 3 também apresentamos os regimes aduaneiros especiais. Existem ainda os regimes aduaneiros aplicados a áreas especiais, significativamente diferentes dos que vimos até agora: em vez de operações específicas, a suspensão de tributos é aplicada de acordo com a região do território brasileiro à qual se destinam os bens importados ou na qual são produzidos os bens a serem exportados. Veja:

- Zona Franca de Manaus;
- entreposto industrial da Zona Franca de Manaus;
- áreas de livre comércio;
- zonas de processamento de exportação.

A seguir apresentaremos cada um desses regimes.

Zona Franca de Manaus (ZFM)

Trata-se de uma área de livre comércio para importação e exportação dotada de benefícios fiscais particulares, cujo objetivo é propiciar o surgimento, no interior da Amazônia, de um polo industrial, comercial e agropecuário com condições econômicas que, levando em consideração os fatores regionais e a enorme distância entre a mesma e os principais centros consumidores de seus produtos, potencialize seu desenvolvimento econômico e social.

É outorgada a isenção do imposto de importação e sobre produtos industrializados quando se tratar de importações destinadas ao consumo ou qualquer grau de industrialização na Zona Franca de Manaus. Essas isenções aplicam-se também à estocagem de bens destinados à reexportação. Os benefícios fiscais serão mantidos mesmo que os bens sejam destinados a exportação para o exterior.

Tais benefícios, entretanto, não se aplicam, entre outros produtos, a armas e munições, fumo, bebidas alcoólicas, automóveis de passageiros e produtos de toucador, preparados e preparações cosméticas, a não ser os classificados nas posições 3303 e 3307, quando destinados ao consumo interno na ZFM ou produzidos com matérias-primas oriundas da fauna e flora regional.

Bens produzidos no Brasil, exportados, sendo posteriormente importados pela ZFM, também não serão abrangidos pelos benefícios aplicados aos demais produtos importados.

Para obter os benefícios fiscais, é imprescindível que as mercadorias sejam importadas e entrem exclusivamente por porto, aeroporto ou recinto alfandegado localizado na cidade de Manaus.

As mercadorias fabricadas no território nacional, destinadas à ZFM para comercialização, industrialização ou posterior exportação, são equiparadas a exportações para o exterior. Não se aplica este *status* aos mesmos produtos não abrangidos pelos benefícios fiscais à importação.

Todas as importações realizadas para a ZFM devem obrigatoriamente obter a licença de importação não automática, com anterioridade ao início do despacho aduaneiro, e a Superintendência da Zona Franca de Manaus deve expressamente anuir a tal licença no Siscomex.

Os bens estrangeiros, inicialmente importados para a ZFM e posteriormente internados, ou seja, destinados a outros pontos do território aduaneiro, ficam sujeitos ao recolhimento de todos os tributos incidentes numa operação de importação normal.

Os produtos industrializados na ZFM, ao serem enviados para qualquer ponto do território nacional, estão sujeitos ao recolhimento do imposto de importação em relação a todos os seus componentes importados, e o tributo será calculado, quando for o caso, aplicando-se um redutor de sua alíquota *ad valorem* sempre e quando os mesmos atenderem ao grau de industrialização local mencionado no respectivo processo produtivo básico.

A fórmula contábil e matemática que permite obter o redutor do imposto de importação tem como dividendo o valor total dos insumos nacionais acrescido do valor da mão de obra empregada na sua produção e, como divisor, o valor dos insumos importados acrescidos da mão de obra utilizada no processo produtivo.

A regra tem algumas exceções, como as aplicadas a automóveis, tratores e outros veículos terrestres, bens do setor de informática e projetos produtivos básicos aprovados até o dia 31 de março de 1991.

Em relação ao imposto sobre produtos industrializados, aplica-se a isenção quando forem bens produzidos na ZFM e destinados a consumo interno e comercialização em qualquer ponto do território brasileiro, devendo, neste caso, ser observadas as exigências mencionadas no processo produtivo básico.

A RFB determina os locais de saída da ZFM, para os outros pontos do território aduaneiro, das mercadorias beneficiadas com a redução do imposto de importação e isenção do IPI, bem como estabelece os procedimentos relacionados com seu despacho aduaneiro e internação.

Todas as mercadorias exportadas da ZFM para o exterior estão isentas do recolhimento do imposto de exportação.

Os benefícios outorgados às importações realizadas para a ZFM se estendem automaticamente para as áreas pioneiras, zonas de fronteira e outras áreas da Amazônia ocidental (estados do Amazonas, Acre, Rondônia e Roraima) quando se tratar de, entre outros bens, motores marítimos de centro e popa, máquinas e implementos e insumos para a agropecuária, construção civil e materiais de construção. Nesses casos o despacho aduaneiro é processado pelas unidades localizadas em Manaus, Porto Velho, Boa Vista e Rio Branco ou em outros locais determinados por ato normativo específico da RFB.

Entreposto industrial da Zona Franca de Manaus (EIZFM)

Nesse regime é permitida a armazenagem com suspensão de tributos de mercadorias estrangeiras importadas e destinadas à venda por atacado para a ZFM e outras regiões do território nacional e comercialização na ZFM, Amazônia ocidental e áreas de livre comércio.

Aplica-se tratamento semelhante a, entre outros, matérias--primas, produtos intermediários, materiais secundários e de embalagem importados e destinados à produção de bens na ZFM, bem como a mercadorias nacionais destinadas à Zona Franca, Amazônia ocidental, áreas de livre comércio ou exportação.

Nesse regime não serão admitidas mercadorias cuja importação esteja proibida, fumo e seus derivados.

O prazo de permanência dos bens no EIZFM é de até um ano, contado a partir da data do desembaraço aduaneiro de admissão do bem, podendo ser prorrogado por até mais quatro anos, sendo aplicadas, no que couberem, as disposições relacionadas com o regime especial de entreposto aduaneiro.

Áreas de livre comércio

As áreas de livre comércio são regiões geográficas fronteiriças, localizadas na região Norte do território brasileiro, que possuem um regime aduaneiro especial de importação e exportação para possibilitar seu desenvolvimento e incrementar as relações comerciais com os países vizinhos.

Na região Norte, as áreas de livre comércio se localizam nos municípios de Tabatinga (AM); Guajará-Mirim (RO); Boa Vista e Bonfim (RR); Macapá e Santana (AP); e Brasileia, Epitaciolândia e Cruzeiro do Sul (AC).

Cabe à Superintendência da ZFM a administração das áreas de livre comércio, e à RFB compete expedir as normas relacionadas com o controle aduaneiro e a fiscalização dos bens ingressados nessas regiões. Além das normas próprias de cada área de livre comércio, aplica-se, no que couber, a legislação da ZFM.

O ingresso de bens estrangeiros nessas regiões é feito com suspensão do imposto de importação e sobre produtos industrializados, que pode ser convertida em isenção caso os produtos sejam destinados, entre outras operações, a consumo e venda internos, piscicultura, agricultura e agropecuária (só na área de Guajará-Mirim) e estocagem para posterior exportação.

Nesse regime não se incluem armas e munições, perfumes, bebidas alcoólicas, automóveis de passageiros e produtos acabados de informática (só nas áreas de Tabatinga e Guajará-Mirim).

A venda de produtos nacionais ou nacionalizados, realizada por empresas localizadas fora das áreas de livre comércio de Boa Vista e Bonfim para empresas sediadas nas mesmas, é considerada uma exportação.

Salvo nos casos de vendas realizadas para a ZFM, Amazônia ocidental e outras áreas de livre comércio, as mercadorias importadas para as áreas de livre comércio, ao serem destinadas a outras regiões do território nacional, serão submetidas às normas administrativas de importação e tratamento fiscal de mercadorias recebidas diretamente do exterior.

Zonas de processamento de exportação (ZPEs)

Basicamente, as zonas de processamento de exportação são áreas de livre comércio de importação e exportação nas quais as empresas ali instaladas produzem bens para exportação, tendo, entre outros, os seguintes objetivos: reduzir desequilíbrios regionais, fortalecer o balanço de pagamentos e contribuir para o desenvolvimento econômico e social do país.

Para que uma ZPE comece a operar, depende do alfandegamento prévio da área correspondente.

Será exigido que as empresas instaladas na ZPE obtenham, com suas vendas de exportação, no mínimo 80% da sua receita bruta total, e o cálculo desse percentual será apurado a partir do ano-calendário subsequente ao da entrada em funcionamento do projeto.

O ato que autoriza a instalação de uma empresa, por um prazo de até 20 anos, na ZPE deverá obrigatoriamente informar a classificação fiscal dos bens a produzir e não será permitido produzir, importar ou exportar armas, explosivos (a não ser quando autorizado pelo Comando do Exército) e materiais radioativos (salvo quando autorizado pela Comissão Nacional de Energia Nuclear).

Os bens importados, tais como matérias-primas, produtos intermediários e outros, utilizados de forma integral na produção dos bens a exportar terão o benefício da suspensão dos tributos incidentes numa operação normal de importação, e, caso o modal de transporte utilizado para seu transporte seja o aquaviário, a suspensão se estende ao adicional ao frete para renovação da Marinha Mercante (AFRMM).

O mesmo tratamento, no caso do imposto de importação, é dado aos bens importados, sejam eles novos ou usados, destinados a compor o ativo imobilizado da empresa instalada na ZPE.

Já em relação à contribuição para o PIS/Pasep-importação, Cofins-importação e o IPI, a suspensão será transformada em alíquota zero após a empresa instalada na ZPE atingir uma receita bruta por ano-calendário, relacionada com a exportação, de, no mínimo, 80% da receita bruta total de venda de bens e serviços e após dois anos de acontecido o fato gerador.

Para os demais produtos importados, a conversão de suspensão em isenção do imposto de importação e AFRMM se dará num prazo de cinco anos, contados a partir da ocorrência do fato gerador e sempre que se tenha atingido o valor mínimo de receita bruta advinda da exportação.

Se as empresas não incorporarem os bens ao seu ativo imobilizado ou os revenderem antes de ser transformada a suspensão em alíquota zero ou isenção, devem recolher os valores devidos de impostos e contribuições suspensas, acrescidos de juros e multas contados a partir da data de registro da declaração de importação.

Os produtos industrializados produzidos na ZPE e vendidos para o mercado interno estão obrigados a recolher o imposto de importação e AFRMM da parcela correspondente aos bens importados com suspensão.

Só em casos excepcionais e com autorização prévia do Conselho Nacional das ZPEs poderá ser feita a venda no mercado interno de bens importados com suspensão.

Do ponto de vista administrativo, as importações e exportações das empresas localizadas na ZPE estão dispensadas de licenciamento ou anuência de órgãos federais, a não ser quando se tratar de controles sanitários, proteção ao meio ambiente e interesse da segurança nacional.

Caso as mercadorias produzidas pelas empresas instaladas na ZPE sejam destinadas a países com os quais o Brasil mantenha convênio de pagamentos sujeito a cotas de exportação e ao pagamento de imposto de exportação, as mesmas serão objeto, quando couber, do licenciamento ou anuência de órgãos federais, em conformidade com as normas administrativas de exportação.

Também não se aplica a verificação prévia à importação em relação à existência ou não de similar nacional e à obrigatoriedade de transporte em navio de bandeira brasileira e, em se tratando de bens usados, é dispensada a observância às restrições aplicadas à importação de bens com essas características.

Serão objeto de ato normativo específico os procedimentos relacionados com a fiscalização, despacho aduaneiro, bem como o controle aduaneiro dos bens produzidos na ZPE e controle e verificação, por parte da autoridade aduaneira, do embarque dos mesmos.

Conclusão

A legislação aduaneira, fruto de uma complexa legislação tributária e administrativa pública, oferece aos estudiosos que tenham atenção ao seu conteúdo fiscal e logístico a real possibilidade de usufruírem maiores facilidades em processos de importação e exportação, com benefícios de ordem financeira.

O esforço do estudo de tema tão específico certamente se traduz em bem-estar econômico e fiscal para aqueles interessados em tal assunto, carente de materiais didáticos que deem um norte a um resultado positivo esperado.

Porém, para alcançar as vantajosas facilidades nos processos logísticos do comércio exterior brasileiro e o benefício de ordem fiscal, pela obtenção da suspensão do pagamento de tributos incidentes nas operações de importação ou exportação, urge que os importadores e exportadores, contribuintes, desbravem com atenção esse complexo mundo jurídico tributário cercado de um emaranhado de normas. Isso só pode ser feito por meio de pesquisa constante e profunda das regras previstas para a correta utilização dos regimes aduaneiros especiais e regimes aplicáveis em áreas especiais.

Neste livro foram contemplados os regimes aduaneiros suspensivos e aplicados em áreas especiais. Esperamos que ele dê ao leitor uma ferramenta para adentrar e continuar avançando por esse estudo.

Referências

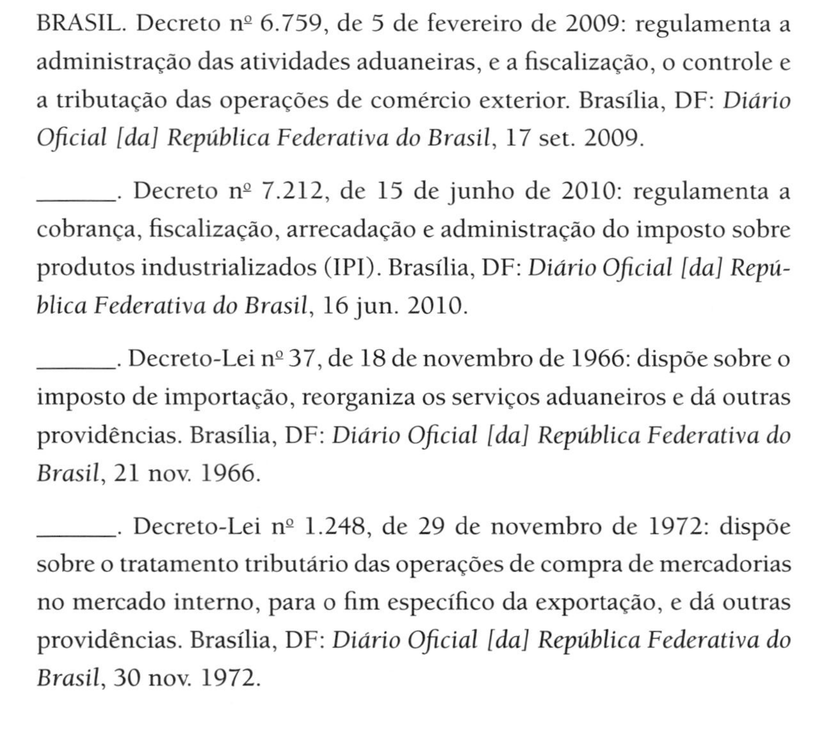

BRASIL. Decreto nº 6.759, de 5 de fevereiro de 2009: regulamenta a administração das atividades aduaneiras, e a fiscalização, o controle e a tributação das operações de comércio exterior. Brasília, DF: *Diário Oficial [da] República Federativa do Brasil*, 17 set. 2009.

______. Decreto nº 7.212, de 15 de junho de 2010: regulamenta a cobrança, fiscalização, arrecadação e administração do imposto sobre produtos industrializados (IPI). Brasília, DF: *Diário Oficial [da] República Federativa do Brasil*, 16 jun. 2010.

______. Decreto-Lei nº 37, de 18 de novembro de 1966: dispõe sobre o imposto de importação, reorganiza os serviços aduaneiros e dá outras providências. Brasília, DF: *Diário Oficial [da] República Federativa do Brasil*, 21 nov. 1966.

______. Decreto-Lei nº 1.248, de 29 de novembro de 1972: dispõe sobre o tratamento tributário das operações de compra de mercadorias no mercado interno, para o fim específico da exportação, e dá outras providências. Brasília, DF: *Diário Oficial [da] República Federativa do Brasil*, 30 nov. 1972.

______. Decreto-Lei nº 1.578, de 11 de outubro de 1977: dispõe sobre o imposto sobre a exportação, e dá outras providências. Brasília, DF: *Diário Oficial [da] República Federativa do Brasil*, 12 out. 1977.

______. Decreto-Lei nº 2.742, de 1º de setembro de 1988: altera disposições da legislação aduaneira, consubstanciada no Decreto-Lei nº 37, de 18 de novembro de 1966, e dá outras providências. Brasília, DF: *Diário Oficial [da] República Federativa do Brasil*, 2 set.1988.

______. Lei nº 4.502, de 30 de novembro de 1964: dispõe sobre o imposto de consumo e reorganiza a Diretoria de Rendas Internas. Brasília, DF: *Diário Oficial [da] República Federativa do Brasil*, 30 nov. 1964.

______. Lei nº 5.172, de 25 de outubro de 1966: dispõe sobre o sistema tributário nacional e institui normas gerais de direito tributário aplicáveis à União, estados e municípios. Brasília, DF: *Diário Oficial [da] República Federativa do Brasil*, 31 out. 1966.

______. Lei nº 9.430, de 27 de dezembro de 1996: dispõe sobre a legislação tributária federal, as contribuições para a seguridade social, o processo administrativo de consulta, e dá outras providências. Brasília, DF: *Diário Oficial [da] República Federativa do Brasil*, 30 dez. 1996.

______. Lei nº 10.336, de 19 de dezembro de 2001: institui contribuição de intervenção no domínio incidente sobre a importação e a comercialização de petróleo e seus derivados, gás natural e seus derivados, e álcool etílico combustível (Cide), e dá outras providências. Brasília, DF: *Diário Oficial [da] República Federativa do Brasil*, 20 dez. 2001.

______. Lei nº 10.865, de 30 de abril de 2004: dispõe sobre a contribuição para os programas de integração social e de formação do patrimônio do servidor público e a contribuição para o financiamento da seguridade social incidentes sobre a importação de bens e serviços, e dá outras providências. Brasília, DF: *Diário Oficial [da] República Federativa do Brasil*, 30 abr. 2004.

_____. Lei nº 11.508, de 20 de julho de 2007: dispõe sobre o regime tributário, cambial e administrativo das zonas de exportação e dá outras providências. Brasília, DF: *Diário Oficial [da] República Federativa do Brasil*, 23 jul. 2007.

______. Lei nº 12.546, de 14 de dezembro de 2011: institui o regime especial de reintegração de valores tributários para as empresas exportadoras (Reintegra). Brasília, DF: *Diário Oficial [da] República Federativa do Brasil*, 15 dez. 2011.

______. Lei Complementar nº 87, de 13 de setembro de 1996: dispõe sobre o imposto dos estados e do Distrito Federal sobre operações relativas à circulação de mercadorias e sobre prestações de serviços de transporte interestadual e intermunicipal e de comunicação, e dá outras providências (Lei Kandir). Brasília, DF: *Diário Oficial [da] República Federativa do Brasil*, 16 set. 1996.

______. Ministério da Fazenda. Portaria MF nº 6, de 25 de janeiro de 1999: dispõe sobre a fixação das taxas de câmbio para efeito de cálculo dos tributos incidentes na importação. Brasília, DF: *Diário Oficial [da] República Federativa do Brasil*, 26 jan. 1999.

______. Ministério da Fazenda. Portaria MF nº 112, de 10 de junho de 2008: dispõe sobre o regime aduaneiro especial de loja franca em portos e aeroportos alfandegados. Brasília, DF: *Diário Oficial [da] República Federativa do Brasil*, 12 jun. 2008.

______. Ministério da Indústria e Comércio Exterior. Portaria da Secretaria de Comércio Exterior nº 23, de 14 de julho de 2011: dispõe sobre operações de comércio exterior. Brasília, DF: *Diário Oficial [da] República Federativa do Brasil*, 19 jul. 2011.

______. Ministério do Desenvolvimento, Indústria e Comércio Exterior. *Portal Brasileiro de Comércio Exterior*. Brasília, DF: [s.d.]. Disponível em: <www.comexbrasil.gov.br/conteudo/ver/chave/drawback---introducao>. Acesso em: 18. abr. 2014.

______. Receita Federal. Instrução Normativa RFB nº 513, de 17 de fevereiro de 2005: dispõe sobre a aplicação do regime aduaneiro especial de entreposto aduaneiro em plataformas destinadas à pesquisa e lavra de jazidas de petróleo e gás natural em construção ou conversão no país, contratadas por empresas sediadas no exterior. Brasília, DF: *Diário Oficial [da] República Federativa do Brasil*, 21 fev. 2005.

______. Receita Federal. Instrução Normativa RFB nº 1.291, de 19 de setembro de 2012: dispõe sobre o regime aduaneiro especial de entreposto industrial sob controle informatizado (Recof). Alterada pela Instrução Normativa RFB nº 1.319, de 15 de janeiro de 2013. Brasília, DF: *Diário Oficial [da] República Federativa do Brasil*, 21 set. 2012.

______. Receita Federal. Instrução Normativa RFB nº 1.361, de 21 de maio de 2013: dispõe sobre a aplicação dos regimes aduaneiros especiais de admissão temporária e exportação temporária. Alterada pela Instrução Normativa RFB nº 1.404, de 23 de outubro de 2013. Brasília, DF: *Diário Oficial [da] República Federativa do Brasil*, 23 maio 2013.

______. Receita Federal. Instrução Normativa RFB nº 1.415, de 4 de dezembro de 2013: dispõe sobre a habilitação e a aplicação do regime aduaneiro especial de exportação e importação de bens destinados às atividades de pesquisa e de lavra das jazidas de petróleo e de gás natural (Repetro). Alterada pela Portaria Coana nº 3, de 3 de fevereiro de 2014. Brasília, DF: *Diário Oficial [da] República Federativa do Brasil*, 5 dez. 2013.

______. Secretaria da Receita Federal. Instrução Normativa SRF nº 5, de 10 de janeiro de 2001: dispõe sobre a aplicação do regime aduaneiro especial para importação de petróleo bruto e seus derivados, para fins de exportação no mesmo estado em que foram importados (Repex). Brasília, DF: *Diário Oficial [da] República Federativa do Brasil*, 16 jan. 2001.

______. Secretaria da Receita Federal. Instrução Normativa SRF nº 241, de 6 de novembro de 2002: dispõe sobre o regime especial de entreposto aduaneiro na importação e na exportação. Brasília, DF: *Diário Oficial [da] República Federativa do Brasil*, 8 nov. 2002.

______. Secretaria da Receita Federal. Instrução Normativa SRF nº 266, de 23 de dezembro de 2002: dispõe sobre o regime de depósito alfandegado certificado. Brasília, DF: *Diário Oficial [da] República Federativa do Brasil*, 24 dez. 2002.

______. Secretaria da Receita Federal. Portaria nº 87, de 25 de janeiro de 1999. Dispõe sobre a taxa de câmbio para efeito de cálculo dos tributos incidentes na importação. Brasília, DF: *Diário Oficial [da] República Federativa do Brasil*, 27 jan. 1999.

______. Senado Federal. Resolução nº 13, de 25 de abril de 2012: estabelece alíquotas do imposto sobre operações relativas à circulação de mercadorias e sobre prestação de serviços de transporte interestadual e intermunicipal e de comunicação (ICMS) nas operações interestaduais com bens e mercadorias importados do exterior. Brasília, DF: *Diário Oficial [da] República Federativa do Brasil*, 26 abr. 2012.

LUNA, E. P. *Essencial do comércio exterior de "A a Z"*. São Paulo: Aduaneiras, 2002.

ROCHA, Paulo Cesar Alves. *Regulamento aduaneiro*: anotado com textos legais transcritos. 12. ed. São Paulo: Aduaneiras, 2012.

SOSA, Roosevelt Baldomir. Comentários à Lei Aduaneira. In: ______. *A aduana e o comércio exterior*. São Paulo: Aduaneiras, 1995b.

TREVISAN, Ronaldo (Org.). *Anotações ao regulamento aduaneiro*. São Paulo: Lex, 2009.

WERNECK, Paulo. *Missão da aduana brasileira sob ótica empresarial*. Curitiba: Juruá, 2005.

Os autores

Tom Pierre Fernandes da Silva

Mestre em administração pela Escola Brasileira de Administração Pública e de Empresas da Fundação Getulio Vargas, pós-graduado em ciências contábeis pelo Instituto Superior de Estudos Contábeis (Isec) da Fundação Getulio Vargas, bacharel em ciências contábeis e ciências jurídicas pela Sociedade Unificada de Ensino Superior e Cultura (Suesc). Atuou como consultor tributário da PriceWaterhouse e Arthur Andersen. É auditor fiscal da Receita Federal do Brasil, desde 1997, na área aduaneira no estado do Rio de Janeiro. É professor convidado do FGV Management, desde 2001, nos cursos de gestão de comércio exterior e negócios internacionais, logística e *supply chain* e instrutor em diversos cursos da área aduaneira.

Gabriel Segalis

Mestre em administração pela Escola Brasileira de Administração Pública e de Empresas da Fundação Getulio Vargas, especialista em marketing pela Pontifícia Universidade Católica do Rio de Janeiro e especialista em comércio internacional pela Universidade Estácio de Sá (Unesa). Arquiteto formado pela Universidade Nacional de Buenos Aires. Professor convidado dos cursos de Pós-Graduação em Marketing, Gestão Empresarial e Logística Empresarial, Gestão de Comércio Exterior e Negócios Internacionais da FGV Management e do Cademp/Fundação Getulio Vargas. Sua experiência profissional inclui o cargo de gerente de comércio exterior em diversas empresas e docência em curso de relações internacionais.

Naila Meyre de Céia Freire Sanderson

Especialista em didática do ensino superior pela Universidade Estácio de Sá (Unesa) e em comércio exterior pelo Instituto de Economia da Universidade Federal do Rio de Janeiro, com pós-graduação em Comércio Exterior (Ecex). Bacharel em relações internacionais pela Unesa. Instrutora do Grupo Aduaneira. É professora convidada da UFRJ no curso de Pós-Graduação *lato sensu* em Comércio Exterior. É professora convidada da Universidade Federal do Espírito Santo (Ufes) no curso de Pós-Graduação *lato sensu* em Comércio Exterior. Professora convidada do FGV Management.

Rômulo del Carpio

Mestre em economia e política internacional pela Universidade Estácio de Sá, consultor e assessor de empresas, representante no Brasil da Câmara de Comércio Peru-Brasil, instrutor da Aduaneiras com 30 anos de experiência em treinamento empresarial e autor de oito livros, com destaque para *Carta de crédito e UCP 500 comentada*, *Cobranças documentárias e URC 522 comentada*, *Carta de crédito e URR 725 comentada* e *Carta de crédito e UCP 600 comentada*. Atua também como correspondente no Brasil do jornal peruano *La Voz*. Professor convidado do FGV Management.

Este livro foi impresso nas oficinas gráficas da Editora Vozes Ltda.,
Rua Frei Luís, 100 – Petrópolis, RJ.